JN037238

アクティブリスニングでかなえる最高の子育て

島村華子 Shimamura Hanako

主婦の友社

はじめに

私自身は、はたから見ると、恵まれた家庭環境で育ちました。

しかし子どもの頃の私は、「あなたはどうしたい？」「あなたはどう思う？」と興味を持ってなにかを聞かれた記憶はほとんどありません。

また、否定や批判をされずに、話を最後まで聞いてもらった記憶も、実はあまりありません。子ども時代を思い出すと、ありがたいことに、衣食住という生活環境は整っていたものの、正直に言えば、傾聴という心理的安全を十分に感じる環境はなかったように思います。

ただ、そのことで親を責めているわけでも、状況を嘆いているわけでもありません。一人の個人として、子どもに対して「傾聴する」という考え方自体、主流でない時代に育っている上、親は当時、持っていたすべてのスキルで接してくれていたので、仕方のないことだと考えています。

大切な親ですし、愛情をかけて育ててもらったことの特別さを認識し、心から感謝をしています。

子どもの親への愛というのは、私たちが考える以上に無条件なものです。しかし、私の中にいる子ども時代の自分の気持ちを代弁して言語化してあげるとすると、「話を聴いてほしかった」「無条件に受け入れてほしかった」のです。

話題によっては、怒られたり、否定されたりするかもしれないと顔色をうかがっていたこと、意見が合わない時には真っ先に否定や批判をされたこと、その意図はなかったとしても、そのように感じていたこと……。

このようなことの積み重ねで、だんだんと悩みを話すことを諦めるようになり、「考えていることがわからない」と言われたものでした。

私の中での理由は明確でした。

「わかってもらえないから、話したくなかった」。

「話を聴いてもらいたかった」ということがいちばんの願いである点で、贅沢な悩みであることは十分承知しています。

ただ、皆さんの中にも、子ども時代にこんな風に思い、うつうつとした気分を抱えている方もいるのではないでしょうか。

アクティブリスニング（積極的傾聴）をすることは、この、世代を超えた連鎖を断ち切るチャンスでもあります。

無条件に自分を愛して、受け入れて、ミスをしても「大好きだよ」と頼ってくれる子どもに、せめて大人がお返しできることは、耳と心を傾けて、思いや考えを受け入れること。つまり、無条件の愛情で抱きしめることなのではないでしょうか。

子ども時代の自分を抱きしめるためにも、目の前にいる皆さんの大切なお子さんを抱きしめるためにも、今私たちができることを共有したいと思い、この本の執筆に至りました。

ひとりでも多くの方が、聴く耳と心のスペースを持って、目の前の子どもにおへそを向けてくれたら嬉しいです。

目次

第2章 なぜ話を聴けないのか？

第3章 アクティブリスニング 実践編

第4章 あなたはどのタイプの聴き手でしょうか？

終章
自分の声に耳をすます

アクティブリスニングQ&A

第1章

子どもは
話を聴いてほしい

子どもは100の言葉を持っている

100の言葉

子どもには　100とおりある。
子どもには
100の言葉　100の手　100の考え　100の考え方　選び方や
話し方
100いつでも100の聞き方　驚き方　愛し方　歌ったり
理解するのに　100の喜び

発見するのに　１００の世界
発明するのに　１００の世界
夢見るのに　１００の世界がある
子どもには　１００の言葉がある
――それからもっともっともっと――

けれど99は奪われる
学校や文化が　頭とからだを　ばらばらにする
そして子どもに言う
手を使わずに考えなさい
頭を使わずにやりなさい
話さずに聴きなさい
ふざけずに理解しなさい
愛したり驚いたりは　復活祭とクリスマスだけ

そして子どもに言う
目の前にある世界を発見しなさい
そして１００のうち　99を奪ってしまう
そして子どもに言う
遊びと仕事　現実と空想
科学と想像　空と大地
道理と夢は　一緒にはならないものだと
つまり１００なんかないと言う

子どもは言う
でも　１００はある

ローリス・マラグッツィ

オルタナティブ教育のひとつである、レッジョ・エミリア教育の立役者ローリス・マラグッツィの有名な詩です。「聴く教育方法」を実践しているレッジョ・エミリア教育では、子どもの声を聴くことこそが、教育の根本だと考えています。

子どもの興味はどんなこと？
今、子どもが夢中になっていることはなに？
子どもが疑問に思っていることはなんだろう？

レッジョ・エミリア教育では、「子どもの声」こそが学びの指針です。子どもは一人ひとりが生まれつき「100の言葉」を持っています。つまり、100人いれば100通りの考え方、また一人ひとりが100の別の表現方法を持っていて、生まれながらにして能力にあふれている、唯一無二の存在なのです。

奪われる子どもの声

子どものユニークな「言葉」

話し言葉だけが表現方法ではありません。笑顔、泣き顔などの表情のほか、ダンス、歌、絵、粘土、文字、遊びなど、それぞれの子どもが自分の考えや気持ちを表現する方法は無限にあります。

この子どものユニークな「言葉」に、大人が丁寧に心と耳を傾けることではじめて、子どもたちも自分の声に意味や価値があることを実感していくのです。

ところが、大人や学校、社会が子どもに一方的な常識や価値観を押しつけ、子どもの声を聴くこともなく、99の言葉を奪っているのが現実です。

「静かにしなさい」
「早くしなさい」
「言うことを聞きなさい」
「ルールを守りなさい」
「みんなと同じようにしなさい」
「理由は考えずに暗記しなさい」

子どもの力をはばむ指示や命令

子どもとの会話が「対話」ではなくて、指示や命令になる大人も多いでしょう。対話とは、意見の押しつけや説得ではなく、お互いの気持ちや考えを尊重し合い、分かち合うこと。子どもたちに自分で考えられる子になってほしいと望みながら、大人は指示や命令で子どもたちが自分で考える機会を取り上げているのです。

当たり前ですが、考える力を養ういちばんの方法は、考える経験を積むことです。大人が先回りしてアドバイスをしつづけると、考える経験にはならず、子どもは指示待ちの人になってしまいます。

「子どものためを想って」という大人の行動が、子どもの想像力や創造力をはばみます。大人の言うことを聞く「いい子でいてほしい」と望むだけで、実は大人は子どもたちの声を聴こうとしていません。

もちろん自分によく似ていて理解しやすい子と、感情的なニーズの表現が自分とは違うため、理解しにくい子がいるかもしれません。ただ、自分と表現方法が違うからといって、その子が間違っているとか、ニーズそのものが無茶ということではありません。すべての子どもの「言葉」には意味と価値があります。

Lesson

大人として、目の前にいる子どもの表現に敬意を持って耳を傾け、その「言葉」の裏にあるニーズを理解し、応えていくことが私たちの役割なのです。

だれしもわかってもらいたい

人はだれしも、自分のことをわかってもらいたいと思っています。自分のニーズ、考え、気持ち、能力、好みなどを、だれかに理解してもらいたいと切望しているのです。だれかが自分のことをきちんと理解してくれると感じると、その相手と心のつながりを感じ、アドバイスにも耳を傾けやすくなります。

一方、わかってもらえていないと感じると、人は疎外感を感じやすいほか、相手を説き伏せたいと思い、その相手に対して反発しやすくなります。この「わかってもらえていない」という気持ちは、親子関係だけでなく[＊11]、教師と生徒間の関係性[＊10]など、人同士のつながりに悪影響を与えたり、相手を傷つけるようなコミュニケーションにつながったりしかねません。

Lesson

相手に聴いてもらっている、わかってもらえていると感じるには、3つの要素が必要です。それは、（自分の）自由な意思表示、（相手の）アクティブリスニング（行動）と無条件の受け入れ（心のあり方）、そして分かち合いです。

自由な意思表示

自由な意思表示とは、話し手が自分の考えや気持ちを、相手の考えや感情に縛られずに表現できるということ。国際連合（UN）の「子どもの権利条約」でも、「子どもの意見表明権（12条）」として、子どもたちに発言する権利、そしてその意見を聞いてもらう権利があることを明記しています。しかし、子どもの意見や気持ちは、「口答えしている」「生意気だ」ととらえられ、大人に否定されるというのは日常茶飯事です。

たとえば、子どもが泣いたり、怒ったりして、大人にとって都合が悪い意思表示をすると、「そんなことで泣かない」「怒っても仕方ないでしょ」とたしなめられます。多くの場合、子どもが自分の考えや気持ちをありのままに表現しても、ハッピーな意思表示や大人の都合に合うものでないと、受け入れてもらえないのです。

その結果、大人の顔色をうかがって、自分の心からの意見や感情を共有しなくなります。

自分の考えや気持ちを、家庭、学校、社会などのコミュニティの一員として発言する権利が守られる「当たり前」があってはじめて、子どもは市民としての自分の権利や価値を学び、自分の意思を大切にするほか、自信を持って表現できるようになるのです。

アクティブリスニング（行動）

相手を一人の人間として尊重し、その声に寄り添う方法のひとつが、アクティブリスニングです。アクティブリスニングは「積極的傾聴」といわれ、話し手の経験やそれに伴う感情・思考を無条件に受け入れ、メッセージや文脈をより深く理解するためのコミュニケーション法です［＊2］。

社会人を対象にした日本の研究でも、仕事上の精神的ストレスが少ない場合は、上司がアクティブリスニングを行なっていることが多いのです［＊6］。アクティブリスニングでは、聴き手の価値観や偏見によって批判や否定をしたり、独自の解釈をしたりすることなく、話し手自身の経験を理解しようとすることが求められます。

アクティブリスニングには、大きく分けて、2つの要素があります。ひとつが、相手の言葉を繰り返したり、言い換えたりする「**言語による反映力**」といわれるもの。もうひとつが、相手におへそを向けたりアイコンタクトをとったりする「**非言語コミュニケーション**」です。アクティブリスニングについては、第3章でさらに詳しく説明します。

Lesson

自分の考えや気持ちに全身全霊の注意を向けてもらうことで、話し手は「聴いてもらっている」「わかってくれようとしている」と相手が寄り添ってくれていることを実感するのです。

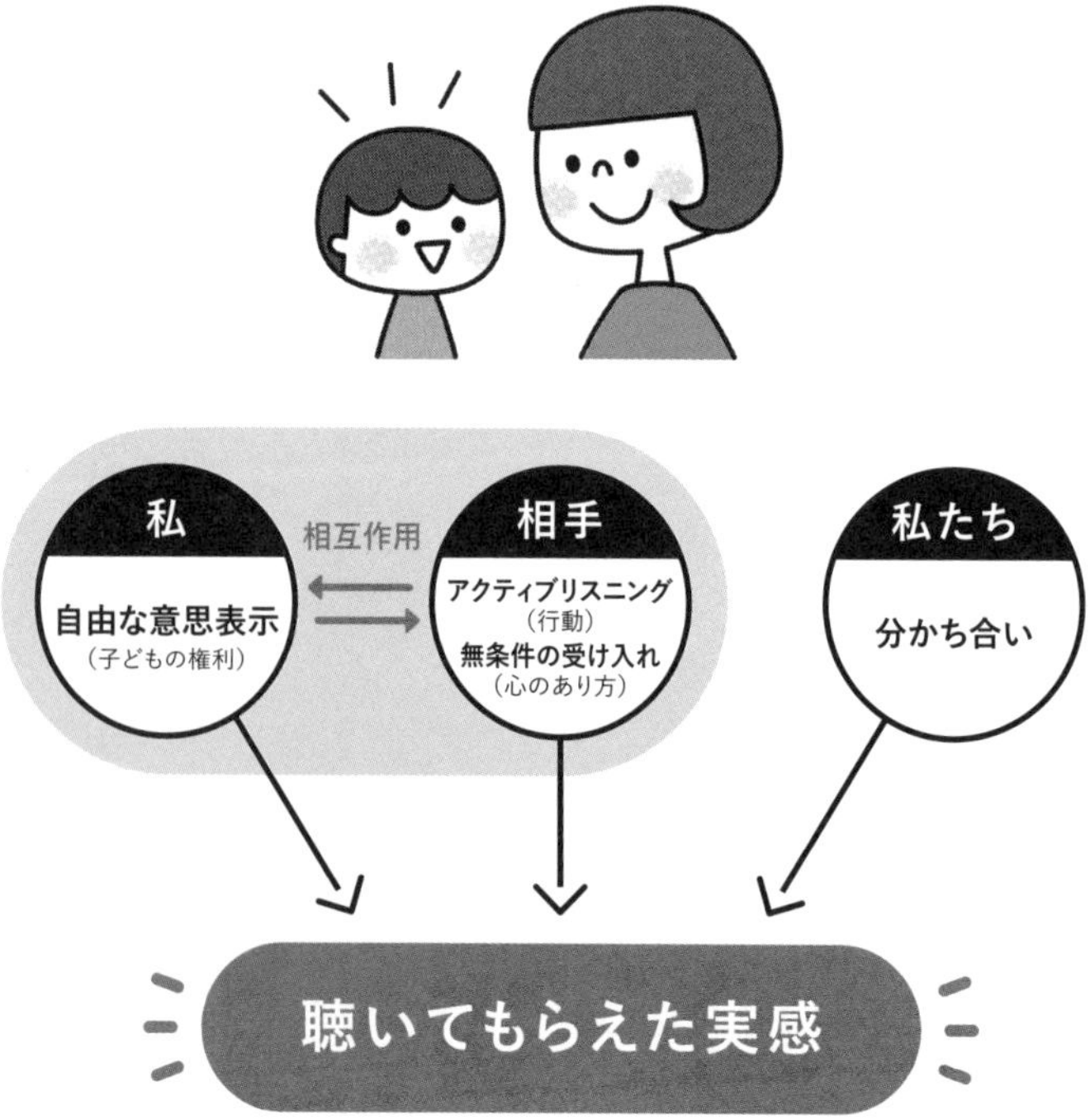

Adapted from Feeling heard: Operationalizing a key concept for social relations (p.11), by C.A. Roos, T. Postmes, & N. Koudenburg, 2021［*7］

無条件の受け入れ（心のあり方）

親子間における無条件の受け入れとは、行動の良し悪しにかかわらず、愛情を表現し、対話をしながら子どもの気持ちに寄り添うことです。

これに対して、条件付きの受け入れとは、子どもが思い通りに動いた時や期待する成果を出した時にだけ褒美を与えたり、関心を向けたりし、そうでない時には罰を与え、愛情をエサにしながら子どもをコントロールするやり方です。

たとえば、子どもがテストで良い点を取ればお小遣いを与えたり、おおげさにほめたりする。逆に子どもが言うことを聞かなかったら叱りつけ、お小遣いを取り上げたり、無視したりするというものです。

望ましい行動の後に褒美を与え続ければ、その行動は将来も起こりやすくなる一方、望ましくない行動の後に罰を与え続ければ、その行動は再発しにくくなるという行動主義の考えに基づいています。

行動の良し悪しを子どもにわかってもらい、望ましい行動をとるように条件をつけることは仕方ないと思う方もいるかもしれません。しかし子どもには、ありのままの自分を愛してほしい、大切なだれかとつながっていたいという欲求があります［＊1］。条件付きの受け入れは、こうした子どもの欲求をおびやかし、子どもにとっては愛情を実感しにくいのです。いかに子どものことを愛していたとしても、どんなにポジティブな意図があったとしても、子どもが愛情を知るすべは、大人の言葉や行動を通してしかありません。

また、条件付きの愛情を注いだ場合、子どもは親の愛情を得るために、親の望む行動を取る必要があります。その結果、子ども自身がありのままの自分の気持ちを尊重することができなくなり、「愛されたい気持ち（関連性の欲求）」と「本来の自分（自律性の欲求）」が敵対することになってしまうのです。

たとえば、**LGBTQ＋**《プラス》（レズビアン・ゲイ・バイセクシュアル・トランスジェンダーをはじめとするセクシュアルマイノリティの総称）の子どもたちには、そうであることを親に言い出せない子がたくさんいます。本来の自分でいることが、親の期待を裏切ることになり、受け入れてもらえない、愛してもらえないかもしれないと不安に感じるためです。大切な家族からの拒絶は、関連性の欲求が満たされず、自殺やうつの増加など精神的な問題への影響が指摘されています［＊9］。

親の条件付きの受け入れは、子どもが大好きな親との関係性を優先するゆえ、ありのままの自分を否定することにつながり、大人の顔色をうかがう、親の期待に見合った結果を出せた時にしか自分には価値がないと思うようになるなど、子どもたちの心と体の健康に支障をきたすのです。

どんな自分でも愛される

無条件の受け入れの場合、親の望む通りに行動することが愛される条件ではないという心理的安全を守る環境があるため、「どんな自分でも愛してもらえているのだ」という実感が高まります。子どもにとって、無条件に受け入れてもらえる安心感は、自己肯定感、自立心、社会的能力、学力、そして親子間の信頼関係につながります。

アクティブリスニングで話を聴いてもらうことは、無条件の愛情で自分が受け入れられていると感じ、自分の意見、価値観、感情を自由にありのまま表現できるため、脳内では褒美として処理されます[＊5]。

「親の意見に反することを言ったら愛してもらえない」と不安を感じるのと、「親は意見が違う時も、まずは話を聴いてくれる」と安心を感じるのとでは、子どもの成長に大きな違いをもたらします。


そもそも子どもの話に耳を傾ける時に、この無条件の受け入れは欠かせません。相手のニーズにチャンネルを合わせ、自分の価値観や正論で子どもの言い分を押さえつけない心のあり方が、子どもの話に興味を持つためにも、そしてなによりも子どもと対話をするためにも、どんなテクニックよりも大切なのです。

分かち合い

相手にわかってもらえていると感じるもうひとつの要素が、相手と分かち合うことです。人は、もともとだれかと感情、信念、心配事などを共有したい生き物です。同じ現実を共有しているという感覚を経験すればするほど、相手をより身近に感じ、また話したいと思うようになります［＊8］。

お互いのニーズや気持ちをシェアしていると感じられる時、人は、相手への親近感や一体感を覚えます。そのことは、言葉では、「私たち（Ｗｅ）」と表現されるような感覚と言ってもよいでしょう。

特に子どもにとって、自分の周囲の環境を理解するために、そしてだれかと心のつながりを感じて自分の居場所を確認するためにも、相手と分かち合えていると感じることは大切なことです［＊4］。

ここで気をつけたいことは、「**わかり合い**」**と**「**分かち合い**」**は違う**ということです。わかり合いは、お互いが同じ解釈や理解をすることであるのに対して、分かち合いはお互いの視点を共有するということです。分かち合いは、たとえ解釈や価値観が違ったとしても、その差異を受けとめるということです。

アクティブリスニングをする際に、相手の解釈に近づくために「わかり合い」の努力は求められますが、目指したい姿は、お互いの違いを受けとめるような「分かち合い」です。

親子であっても、それぞれ個々の人間なので、感覚や思考、価値観に違いがあるのは当然です。同じ事象を見たり聞いたりしても、解釈や感じ方は異なります。たとえば、真夏の日を爽快だと感じる人もいれば、汗をかくから不快だと感じる人もいるでしょう。だからこそ、「まったく同じ意見だ」と毎回同意したり、「あなたの言っていることすべてがよくわかる」と完全な理解を装ったりする必要はありません。

そもそもだれかに常に１００％で同意をしたり、理解したりすること自体、無理なことです。それよりも、**相手の目線から物事を見る努力をして、少しでも相手の気持**

ちをオープンに受けとめる安全な「分かち合い」の場所を提供することこそが大切なのです。

子どもは生まれてきてから、はじめてのことをたくさん体験します。知らないことばかりの世界で、怖かったこと、悲しかったこと、驚いたこと、痛かったこと、嬉しかったことを分かち合える大人が周りにいることは、子どもにとってはなによりも安心材料であり、愛されていると感じる方法です。

大人がそんな気持ちに耳を傾けず、「怖くない」「痛くない」「泣かない」と否定すると、子どもは道標を失い、ひとりぼっちになってしまうのです。

大人は聴いていない？

「子どもたちの声を聴くこと」を語るには、子どもたちが日常の中でどう感じているのかを知る必要があります。実際に子どもたちは、周りの大人にどのように話を聞いてもらっていると感じているのでしょうか。

米国の小学生1～6年生1521人にアンケートを取ったところ、過半数（62％）が、「話したい時に自分の親はあまり聴いていない」と感じていることがわかりました[＊3]。そして、「親の気をそらしているものはなにか」と聞いたところ、「携帯電話」（28％）がトップで、「きょうだい」（25％）、「仕事」（16％）、「テレビ」（13％）と続きました。

全体で見ると、電話、テレビ、パソコンなどの電子機器が、回答の51％を占めていました。「親が携帯電話をなくしたらどうすると思うか」という質問には、「怒る」「気が狂ったようになる」と答えたほか、「携帯電話がなくなれば、親が家族と過ごす時間が増えるから良いこと」と答えた子どもたちもいました。

日本の中高生男女1000人を対象にした親子のコミュニケーションに関するアンケート［＊12］でも、面白い結果が出ています。

8割近く（77・1％）の子どもたちが、「親に話しかけるのをやめた経験がある」と答え、「親の機嫌が悪そうな時」（52・3％）、「親が忙しそうな時」（43・3％）に話しかけにくいと感じているなど、大人の機嫌や様子を気にしながら、話しかけるタイミングをうかがっていることがわかります。

また、子どもたちの約4割（43・9％）が親との会話において悩んでいました。悩んでいる内容は、「親に話しても興味なさそう」（37・4％）、「片手間で話を聞いているからしっかり聞いていない」（30・8％）など、子どもにとっては親が注意を向けてしっかりと聴いてくれている実感が大切なのだとわかります。さらに興味深いのは、親との会話で悩んでいない子どもの方が、悩んでいると答える子どもよりも親から愛されている実感が強いということです。「はいはい」と簡単に終わらせたり、「すごい、すごい」と聴くふりをしたりしても、6歳の子どもでさえ、大人の片手間感を敏感に感じ取っています。また、思春期の子どもたちにとっても、親との会話は、「自分が愛されているかどうか」を測る方法のひとつと言えます。「忙しい」「話がよくわからない」を理由に子どもの話を聴かないことが続けば、子どもが話すことを諦めたり、本音を言わなくなったりして、親子の心のつながりが持ちにくくなるでしょう。

Active Listening

親が家事をしたり、子どもの世話をしたりするのも、子どもたちを愛しているからです。ただ、愛情を受け取る側の子どもたちにとってなによりも大切なのは、毎日数分でもよいから、自分の親に話を聴いてもらう経験を重ねていくことなのです。

第2章

なぜ
話を聴けないのか？

なぜ大人は子どもの話を聴かないのか？

「多くの人たちが理解しようと思って聞いていない。

みんな返事をするためだけに聞いている」

スティーブン・R・コヴィー

「子どもが言うことを聞かない」という親御さんの悩みをよく聞きます。

実際には、子どもが大人の話を聞かない理由のひとつは、大人が子どもの話をきちんと聴いていないことが多いからかもしれません。

話を聴くということは、ただなんとなく聞き流したり、うわべの情報収集をしたりすることではありません。「聴く」ことのいちばん大切な目的は、相手のメッセージを理解しようとすることです。

大人は、子どもの問題を些細なことだと決めつけたり、自分のニーズを優先して、ついアドバイス攻めをしたり、話をさえぎったりすることもあるでしょう。

忙しさゆえに、話を聞いていないことにさえ気づかないことがあります。大人自身がストレスを抱えて、子どもの本当の気持ちに向き合えないのかもしれません。

日常生活にあふれる、アクティブリスニングの3つのバリアを見ていきましょう。

アクティブリスニングのバリア	内容
心理的バリア	決めつけ、問題の同一化
物理的バリア	忙しさ、ストレス
環境的バリア	デジタル機器による弊害

決めつけ

子どもに対してどんなイメージを持っているか

子どもとの関係性を構築する上で、「**子どものイメージ**」はもっとも大切な要素です。「子どものイメージ」とは、社会や大人が子どもの存在、才能、責任をどのように解釈しているかということです。歴史上、子どもたちは「空っぽの器」「真っ白な紙」という風に考えられてきたため、子どもは大人が教えて形成しなければいけない存在という偏見がいまだに根強くあります。

これに反して、モンテッソーリ教育やレッジョ・エミリア教育といったオルタナティブ教育は、**子どもは生来、才能を持ち合わせた力強い学習者であり、権利を持った市民**としてとらえています。従来の「子どものイメージ」とは大きく異なります。

Lesson

子どもたちへの敬意の気持ち、子どもたちが生来持っている力を信じる目線が、子どもの興味や疑問を否定せずに、大人が子どもと対話する原点になっているのです。

「子どものイメージ」が行動の根源

親子関係でも同じことが言えます。親が子どもに対して、「言ってもどうせわからない」「子どもは大人の言うことを聞くべき」と否定的なイメージを持っている場合、子どもをコントロールすることが優先されて、子どもの声に耳を傾けるような子育てはしにくくなります。

たとえば、子どもが意見を言った時に、大人は「口答えをする生意気な子」ととらえ、子どもを厳しく叱りつけたり、罰を与えたりするかもしれません。その結果、気持ちを受け入れてもらえない不満が溜まった子どもの問題行動が、エスカレートするという悪循環にはまってしまうのです。

これに対して、「**子どもは一人の独立した個人である**」「**子ども自身にも立派な考えがある**」と、親が子どもに対して肯定的なイメージを持っている場合、子どもの声も取り入れた子育てがしやすくなります。

たとえば、子どもが意見を言った時に、大人は「自分の考えを伝えることができる子」ととらえ、お互いの意見を尊重した話し合いをするでしょう。その結果、問題を話し合う習慣が家庭内に生まれ、親子間の信頼関係が高まります。

同じ子どもの行動でも、大人がそもそも抱く「子どものイメージ」により解釈が異なるため、その後の対応方法が変わってきます。このように、大人が本質的に子どもをどう見ているかによって、関係性は劇的に変化します。

決めつけは視野の狭さにつながる

大人の決めつけは、日常における「**確証バイアス**」を加速させます。確証バイアスとは、自分がすでに信じていることに関する証拠だけを探し、相反する証拠を無視したり、最小限に抑えたりするように仕向ける心理的傾向です。

つまり、自分の先入観を裏づける行動や事象にばかり目がいってしまい、「やっぱり自分は正しい」というような自己満足を助長してしまうのです。

子育てにおいては、「この子はこういう子」というネガティブな思い込みが、目の前にいる子どもの長所を無意識に無視してしまうなど、気づかないうちに親子関係にダメージを与えます。こうした決めつけは、無意識で反射的なため、考えなしの反応を引き出します［＊5］。

たとえば、キッチンが散らかっていた時に、証拠もないのに、自動的に子どもを犯人だと決めつけて責めてしまったことはありませんか？　あるいは、子どもが先生に怒られたと文句を言った時に、「どうせあなたがなにかしたからでしょう？」と批判したことはありませんか？

自分の決めつけには気づきにくいものですが、この確証バイアスの傾向に気づくことは、子どもの声を聴くために重要な一歩です。

Lesson

決めつけに引きずられて、気づかぬうちに子どもの話をさえぎったり、否定したりして、子どもの声を遮断している可能性を、大人は改めて深刻に受けとめる必要があります。「うちの子は、いつも〇〇だ」という見方をしていないか、イライラした時こそ見つめ直しましょう。

問題の同一化

子どもに代わって問題を解決したくなる気持ち

「問題の同一化」とは、子どもが困難に直面した時に、子どもの問題を自分のものとしてハイジャックしてしまうことを指します。

親は、子どもが苦しんだり、つらい経験をしたりしてほしくないと思うあまり、子どもの問題解決に介入する必要性を強く感じがちです。あるいは、子どもが自分では問題解決できないであろうという見方をしているため、大人が子どもに代わって解決しようとするのです。

この、良かれと思ってやったことが、子どもの自己解決能力の発達を邪魔します。短期的には、問題は解決されるかもしれません。しかし、長い目で見れば、子どもたちは大人に問題解決や決断を依存するようになる、あるいは大人の提案に従った末に失敗した時には、「言った通りにしたのにうまくいかなかった」と大人を責めるようになるでしょう。どちらのケースも、「子どもの問題」だったものが「大人の問題」へと移行してしまい、子どもの感情のニーズに寄り添うことよりも、大人が子どもの行動や結果をコントロールすることが優先されてしまうのです。

Lesson

子どもに必要なのは、コントロールではなく、つながりです。問題をジャッジされたり、乗っ取られたりすることなく、聴いてもらえる心理的安全を感じられる環境があることです。

だれの問題なのか考える

大人は、一度「だれの問題か」を紐解く必要があります。この状況でもっとも影響を受けているのはだれか。直接不安を感じていたり、落ち込んだりしているのはだれか。問題を持ち出したのはだれか。解決策を見つけたいのはだれなのか。

〈子どもが友達と喧嘩をした〉

〈子どもが宿題に手をつけていない〉

〈子どもが忘れ物をした〉

これはだれの問題でしょうか。子どもの問題です。子どもの話を聴き、気持ちに寄り添い、必要なサポートをすることは大切ですが、大人が代わりに解決する問題ではありません。これに対して、安全に関わる出来事であったり、周囲に影響を与えたりする時は、子どもの行動に対して、親がリーダーとして道標を示す必要があります。

たとえば、子どもが電車やレストランなど公共の場所で騒いでいる時、大通りに飛び出した時などは、親も当事者となって、子どもの協力を仰ぎながら問題を解決する必要があります。ほかにも、家族の生活に関わるようなことであれば、親子で問題を共有し、話し合いをすることが大切です。子どもが断りもなく友達を大勢連れてくることがNGなのであれば、家族内のルールとして話し合う必要があるでしょう。

Lesson

子どもの問題を自分の問題として請け合ったり、肩代わりしたりすると、子どもの気持ちや、本人がどうしたいと考えているのかを聴くステップを飛ばすことになります。その結果、子ども自身が状況を整理して考え、問題解決に挑む機会を失ってしまうのです。まずは子どもに、「あなたはどうしたい？」「なにかサポートできることはある？」とたずねましょう。

忙しさとストレス

親が子どもと過ごす時間は増えている

ここ50年で、多くの先進国で男親・女親ともに親が子どもと過ごす時間（お風呂、食事、寝る準備、一緒に遊ぶ時間を含む）は増えています［＊4］。この報告と連動して、子どもたちも親との時間が増えたと感じていることがわかっています［＊12］。

令和3年社会生活基本調査によると、日本でも育児時間は増加傾向にありますが、性差は歴然としています［＊14］。6歳未満の子どもがいる世帯で夫の育児時間は、2001年には一週間に25分だったのが、2021年には1時間5分となり、20年間で40分増えています。これに対して、妻の一週間の育児時間は同時期で3時間3分から3時間54分へと50分増えています。

日本では共働きの家庭で、女性が育児に費やす時間は週平均2時間32分なのに対して、男性は40分にすぎません［＊13］。これらのデータを見ると、母親は父親よりも育児に圧倒的に多くの時間を費やしていることがわかります。

さらには、この20年間に共働き率が上がり続けたことを考えると、時間的なゆとりができたから育児に費やす時間が増えたのではなく、仕事も育児も忙しい親の状況と、特に異性愛者カップルの場合、母親の圧倒的な負担がうかがえます。

親の心の健康と子どもはつながっている

この多忙な状況は、親のストレスにつながっています。そんななか、子どもの話をじっくり聴く心の余裕を持つのは簡単なことではありません。

さらには長引く新型コロナウイルス（COVID-19）の流行が原因で保育園や学校が

休園、休校になるなど、多くの親が慢性的にストレスを感じています［＊1］。こういった外的ストレスがある時ほど、親自身の不安、うつ傾向、対人関係のイライラが増えるほか、子どもにきつく当たりがちです［＊2］。

親の心の健康と子どもの成長には、濃密な関係があります。たとえば、乳幼児期に育児ストレスを感じていた親を持つ子どもほど、3歳になった時に、友達とのいざこざ、社会性や感情コントロール力の欠如など、問題を抱える確率が2倍高くなるほか［＊6］、長期的な親の不安が子ども自身の不安症やうつ傾向に関連していることもわかっています［＊3］。

自分自身の心のコップが空っぽの状態の時に、周りに愛情を注ぐのは難しいことです。子どものことを優先して自分のニーズが満たされない時ほど、自然とイライラや不満もつのるものです。大人にとって必要なセルフケアについては終章で触れています。

Lesson

子どもの心の健康が親の心の健康から始まることを考えると、親が自分自身をいたわることを含め、子育てに必要なサポートやリソースを得られるようにすることは、社会の重要な課題と言えるでしょう。

デジタル機器による弊害

幼少期の対話は不可欠である

子どもの発達にとって、人間との関わりは必要不可欠です。たとえば、生後9カ月の赤ちゃんが、対面により数時間の中国語の指導を受けたところ、特定の発音を認識することができたのに対し、まったく同じ指導を録音で受けた別の赤ちゃんはできなかったという研究結果があります。これは、社会的相互作用が言語習得に大きな役割を果たしていることを示しています［＊8］。

また、「3000万語の格差」［＊7］［注］でも知られているように、幼児に大人が積極的に話しかけることで、その後の学校生活や人生の成功に長期的な影響を与える可能性が示唆されています。

最近の研究では、幼児の言語発達には、子どもが耳にする言葉の数よりも、対話をする回数の方が重要であると考えられています[＊11]。つまり、子どもに話しかけることも重要ですが、それ以上に、積極的に質問を投げかけたり話を聴くことで、子ども自身が発言する機会を多く持つことが、子どもの言語中枢を活性化させる鍵だということです。

このような研究結果からもわかる通り、幼少期の学習にとって親子間の対話は不可欠なのです。

［注1］研究に参加した家族数が少ない（42家族）、話しかけた言葉数よりも経済格差が影響を与えた可能性がある、文化の違いによる会話の頻度やコミュニケーションスタイルが考慮されていないなど、1995年の研究の妥当性については多く議論がなされている。

携帯電話に気を取られている大人たち

しかし実際には、親子は対話をしているでしょうか？

ファストフード店で1人以上の子どもと食事をする保護者を観察した面白い研究があります［＊10］。55人中40人の大人は、程度の差こそあれ、携帯電話に気を取られていて、なかには子どもをほとんど無視しているケースもありました。

さらに、続きの研究［＊10］で、225人の親とその6歳児の親子それぞれに試食をしてもらい、そのやりとりをビデオに収めました。

結果、観察期間中、25％の親が自発的に携帯電話を使用し、携帯電話の使用頻度が高い親ほど、当然、対話の頻度が低いほか、子どもの行動に対して厳しい対応をする傾向があることもわかりました。

第1章でも紹介したように、子どもたちが話を聴いてもらえていないと感じる原因のひとつは携帯電話だということもわかっています。

親が時々不注意になることで子どもがダメになるわけではありませんが、慢性的に子どもの話を聴かないようであれば、接し方の見直しが必要です。携帯電話に気を取られている大人は、邪魔をされるとイライラしはじめ、子どもから発せられる感情的な合図を見逃すだけでなく、誤解してしまう可能性もあります。イライラして怒鳴ったり、不必要に叱りつけたりすることにもつながりかねません。

子どもはただ話を聴いてほしいだけなのに、大人が勝手に、子どもがわざと悪さをしていると思い込んでしまうのです。

もちろん、子どもが一人になる時間を持つことや、退屈な時間を過ごすことは、本人の創造性や自立性を高める上で大切なことです。

しかし、親が子どもと一緒にいながら、携帯電話ばかりに気を取られていると、その子が携帯電話よりも価値のない存在であると無意識にも伝えている可能性があることを、念頭に置く必要があるでしょう。

Lesson

子どもの話を聴くこと、対話をすることは、子どもの言語発達に影響があるだけでなく、愛されている実感を得られるかどうかを左右します。物理的に子どものそばにいたとしても、本当に心がその場にあって、子どもに注意を払えているのか？　子どもとの対話を心から楽しめているか？　子どもの発達を考える時、大人は子どものゲームや携帯電話の使用時間を気にするよりも先に、自分自身がいかに電子機器を使用しているか、対話を優先できているのかを見直す必要があるでしょう。

第3章

アクティブリスニング
実践編

アクティブリスニングを日常生活に取り入れよう

アクティブリスニングとは

アクティブリスニングとは、可能な限り相手に注意を向けて、たとえ自分の経験や価値観と違ったとしても、引き算も足し算もすることなく、相手のメッセージ・感情・思考を相手の立場から理解しようとする傾聴方法です。

ただ受け身で黙って相手の話を聞くだけでは、「良い聴き手」になるには十分ではありません。相手の言ったことを繰り返す、うなずくだけ、あるいは相槌を打つだけでも足りません。

アクティブリスニングをする際は、相手の言葉を丁寧に拾って言い換えたり、相手の意図と自分の理解が一致しているかどうかを確認するために質問をしたり、話をまとめたりしながら、相手の言い分に耳を傾けます。

そのためには、聴き手が、自分自身の価値観やニーズを、いったん横に置いておく必要があります。また、相手だけでなく、自分の表情や視線、体の向きといった言葉以外の表現にも気をつけて話を聴くため、心も体も使うとても能動的な作業です。

アクティブリスニングのメリット

アクティブリスニングは、話し手側・聴き手側双方にとってメリットがあります。まず、話し手にとっての3つのメリットを見ていきましょう。

1．安心感が高まる

子どもは大人が一方的に否定したり、非難したりせずに話を聴いてくれるので、「話しても大丈夫な相手」なのだという安心感が高まります。まずは聴いてもらえるという心理的安全な場所があることで、どんなに些細なことや、親と価値観が異なること、あるいは言いにくい感情でも、表現しやすくなります〔＊10〕。

2．信頼関係が深まる

安心感や愛情の実感があると子どもは、自分の気持ちや経験をありのまま尊重され、無条件にまずは受け入れられることで、「話しやすい相手」だと思うようになります。この安心感は、子どもが心を開くきっかけとなり、親子間の信頼関係を深めることへとつながります。

3．自分の状況を冷静に見直す機会になる

話をさえぎられたり、非難・否定されたりしないことで、子どもは自分の意見で親を説き伏せようとしたり、自分の立場を守ろうと言い訳をして自己防衛に走ったりする必要がなくなります。

言い換えたり質問や要約をしたりしながら相手が聴いてくれることで、自分自身の状況を冷静に見つめやすくなり、考える余白が生まれます［＊5］。

アクティブリスニングをすると、話し手だけでなく、聴き手にも良いことがありま

す。聴き手にとっての3つのメリットを見ていきましょう。

1．応援団になれる

アクティブリスニングは、相手を応援することにつながります。相手が否定・非難をせずに聴いてくれることで、話し手は、相手が自分の感情に敏感に反応し、認めてくれていると感じやすいのです［＊4］。話し手である子どもの考えや気持ちを親も一緒になって探究することが、良いサポーターとしての証しになります。

2．信頼関係が深まる

ただ言葉を受け流すためでなく、相手の話を本当の意味で理解するために聴くことから、相手もあなたが勝手に結論に走ったり、評価したりしないことを感じ取るため、信頼関係が築きやすくなります。

3. 相手を深く知る機会になる

わからないことに対して子どもに質問をしたり、言い換えをしたりしながら聴くことで、一方的な解釈をするのではなく、子どもの伝えたいことに意識が向きます。その結果、話をさえぎったり、否定したりした場合には気づき得なかった子どもの思いや感情を知る機会を得ることができます。

子ども時代に、自分の思考や感情を尊重して受けとめて聴いてもらうことができた経験は、子どもが自分の声を大切にし、発信する勇気につながります。また、応援団がいることを実感することで、自分の声には価値があることを知るだけでなく、自分以外の周りの声にも耳を傾ける土台になるのです。

アクティブリスニングの実践

では、アクティブリスニングはどのようにしたら可能になるでしょうか？　アクティブリスニングをするために必要な3つの段階を紹介します。

レベル1　聴くための心理的・物理的な環境を整える

心理的な環境を整えるとは、「なにを話しても大丈夫だ」あるいは「無理やり話すことを強要されない」という心理的安全な場所をつくるという意味です。

第1章で紹介した日本の中高生を対象にした研究〔*15〕では、親が感じている以上に、子どもたちは親に話しかけにくいと感じている状況が明らかになっています。「興味がなさそう」「片手間でしっかり聞いていなそう」「話しかけるタイミングがわからない」というのが、子どもたちの悩みの上位でした。

子どもたちが対話を始めるためには、「大人が興味を持って聴いてくれている」と精神的に安心することが大切なのです。

自分の癖を見直す

子どもの話を大人の経験値や価値観で善悪を判断せずに聴く無条件の受け入れが大

レベル1

聴くための心理的・物理的な環境を整える

↓

レベル2

非言語コミュニケーションに注意を払う

↓

レベル3

反映力を使って、相手の立場から見た理解に努める

アクティブリスニングを通した心理的安全な場所づくり

切です。まずは、自分の癖を見つめ直してみましょう。

私たち大人は、子どもがなにかを話してくれた時に、最後までさえぎらずに聴いているでしょうか？　自分たちのニーズを優先させて、正論をぶつけたり、一蹴したり、批判したりしていないでしょうか？　大人に対してはしないのに、なぜか子どもの話だと「まあ、いいや」と真剣さを欠くことはないでしょうか？

逆に、なにも言ってくれないことがもどかしくて、尋問のように質問を矢継ぎ早にして子どもを隅に追いやっていないでしょうか？　聴く態度を見せているのだから、「話してくれて当然」と、子どもがなんでも話してくれることを期待していないでしょうか？

裁判官ではなく探偵になろう

ここで心がけておきたいのが、大人自身が裁判官ではなく、探偵になるということです。裁判官は、子どものすべての言動を善し悪しの物差しで判断します。このため、賞罰の目線で子どもに接することになりかねません。

これに比べて、探偵になると、「どうしてだろう?」「なぜこの子はこう言ったのか?」など、興味の物差しで客観的に子どもを見つめる助けになります。「あなたのことを知りたい」「あなたが興味のあることを聴かせてほしい」「教えてくれてありがとう」と一人の人間として子どもの目線に興味や感謝の気持ちを持つことで、子どもの言動に隠されていた理由や想いに寄り添いやすくなり、結果として心のつながりを得ることができます。

社会学者のブラウン教授は、このような「**つながり**」を次のように定義しています[＊3]。

「相手に受けとめてもらえた時、大切にされていると感じる時、余計な評価なしにお互いを頼れる時、そしてその関係から心の栄養と力を得ることができる時に存在する人と人との間にあるエネルギーである」。

つまり、**心理的安全な場所**とは、相手からの評価を恐れずに弱い部分も含めてありのままの自分をさらけ出し、家族の一員としてお互いを尊重し、認め合える実感があるような、大切な人たちとつながりを感じられる「ホッとする」場所です。このつながりを感じることのできる方法のひとつが、アクティブリスニングなのです。

聴くための妨げを取り除く

第2章でも紹介したように、携帯電話などの電子機器が会話の妨げになっていると感じている子どもたちは非常に多いです。この問題に対しては、物理的な環境を整えることが求められます。

子どもの話を聴く妨げになるものを取り除くとともに、話を聴く時間を確保するという意味も含まれます。実際、家事・仕事など、手が止められないと感じることが多いのも現実ですが、子どもが話しかけてきてくれた時は、電子機器をいったん横に置く、パソコンを閉じるなど、5分でもできることはたくさんあります。

また、できるだけでよいので、スケジュールを調整したり、一緒に出かけたりすることで、向き合って話す時間を少しでも持つことも心がけたいものです。

レベル2 非言語コミュニケーションに注意を払う

人は声のトーン、目線、顔の表情や体の向き、ボディタッチなど、言葉以外で多くのメッセージを受信・発信しています。心理的・物理的環境とともに大切なのが、この非言語コミュニケーションに注意を払うことです。

生まれてから最初の数年間、子どもたちは大人のように言葉でコミュニケーションを取れないため、言葉以外で私たちとコミュニケーションを取ろうとしてくれます。この時期のコミュニケーションは、子どもたちが他者との信頼関係を築くために重要な心の土台になります。

言葉を発するようになってからも、子どもたちは大人の表情、声のトーン、アイコンタクト、体の動きや向きといった社会的手がかり（非言語的情報）に敏感に反応し、相手とコミュニケートしようとしています。

こうしてなにかを伝えようとしてくれる子どもに対して、愛情や興味を伝え、安心感を与えるために、大人自身が非言語コミュニケーションで意識できることはなんでしょうか。

声のトーン

乳幼児と接する時に、まだ言葉が話せないからコミュニケーションが取れないと思っている人も多いものです。しかし、赤ちゃんでも、言葉を理解するよりもずっと前に、声のトーン、リズムなどの要素から、感情を聞き分けることができると言われています。たとえば、6カ月の乳児でも、親がコントロール型の接し方をしたり、ストレスが多かったりするほど、大人の「怒り」のトーンを感知して、脳が反応しやすいことがわかっています［＊14］。

これは大人が話し相手の口調を理解するのと同じプロセスであり、言葉を発しない赤ちゃんでも相手の感情に敏感なのです。赤ちゃんと接している時も、「どうせわからない」と思って、イライラをぶつけたり、乱暴なトーンを使ったりせず、できるだけ穏やかな声のトーンで反応することを心がけたいものです。

アイコンタクト

アイコンタクトは、意図や感情を伝える大切なコミュニケーションの手段〔注〕です。赤ちゃんとアイコンタクトを取ると、大人と赤ちゃんの脳波が「同調」し、コミュニケーションの円滑化につながることがわかっています［*7］。

お互いにアイコンタクトを取った時ほど、赤ちゃんがより長い発声をし、

コミュニケーションを取ろうとする努力が見られます。つまり、見つめ合って、「**ここにいるよ**」「**あなたの声を聴いているよ**」ということをアイコンタクトで伝えた時ほど、赤ちゃんと気持ちが通じ合い、赤ちゃん側からのコミュニケーションもより積極的になるのです。

［注］自閉スペクトラム症の子どもたちは、アイコンタクトを維持したり、そこから相手の感情を読み取ったりすることは難しいと言われているため［＊13］、お子さんによっては強要しないことも大切です。

顔の表情

アイコンタクトとともに、顔の表情も親子間のコミュニケーションにとって大切な一部です。有名な「無表情実験」［＊11］でもよく知られているように、笑顔だった母親が急に無表情になって生後2カ月の赤ちゃんに反応しなくなると、赤ちゃんのストレス反応が増え、強い不安感を覚えます。

このように、幼い子どもでも自分に向けられた異なる種類の表情を識別することができ、大人の表情によって感情が大きく乱れてしまうのです。ほかにも、生後4カ月の赤ちゃんに「いないいないばあ」をした実験では、嬉しい表情、悲しい表情、怒っている表情を視覚的に識別し、特に怒った表情に対しては子どもの視線がいきやすくなることがわかりました［＊8］。

怒りに視線がいきやすかったのは、ストレスに対する自己防衛反応として警戒状態に陥るからであると言われています。子どもに安心感を与え、心を

通わせるためにも、子どもの話を聴く時や語りかける時に、大人が穏やかな表情で接することが大切なのです。

うなずき

話を聴く時に大切なのが、話し手に興味や共感を表すうなずきです。相手の言葉に対してうなずくことで、与える印象に大きな影響が出るのです。

日本人を対象にした研究でも、うなずかない人と比べて、うなずくだけで好感度が約30%、親近感が約40%高くなることがわかっています［＊9］。ま

た、うなずく相手に対して話し手は信頼感を抱きやすくなります［＊1］。

逆に相手の言葉に呼応せずにうなずいたり、早すぎるスピードでうなずいたりすることは、相手に対するイラつきととらえられたり、不安感を与えたりする可能性もあります。

子どもの言葉をできる限りで、じっくり味わいながら、ゆっくりうなずいてみましょう。

へそ向け

子どもが話しかけてきた時に、意識

したいのはおへそを子どもに向けるということです。おへそを向けることを意識すると、体全部が自然と相手に向くようになります。こうすると、自分の作業をいったん停止することにもつながり、より子どもの話を聴く姿勢になります。

日常生活の中では、料理をしていたり、仕事をしていたりで、顔だけを動かして子どもの話を「ながら」作業で聞く場面が多いのが現実でしょう。ただ、先ほども言及したように、中高生の子どもたちの間でもっとも多い悩みのひとつは、親が片手間で話を聞いていて興味がなさそうに見えるということです［＊15］。

こういった親とのコミュニケーションに悩みを持つ子どもたちは、そうでない子どもたちに比べて、親から愛されている実感が低くなっています。できるだけおへそを向けて、我が子の話を聴くようにしたいものです。

レベル3 反映力を使って、相手の立場から見た理解に努める

アクティブリスニングは、ただ笑顔でうなずいたり、「なるほど」と適当に相槌を打ったりするだけでは成立しません。

ここで必要なのが反映力と呼ばれるもので、反復、言い換え、明確化、要約の４つの要素があります。反映力を使う目的は、相手の経験やそれに対する考え・気持ちへの理解を深め、受けとめることです。

反復

反復とは、相手の言った言葉をそのままリピートすることで、「おうむ返し」とも呼ばれています。相手と同じ語彙《ごい》を使い反応することで、相手の話に注意を払っていることや、興味を持っていることを知らせます。

相手の語彙《ごい》や文の構造に寄せていくことを、**言語スタイルマッチング**（Language style matching・LSM）と呼びます［＊6］。小学生の子どもたちを対象にした研究では、親子間のLSMが高いほど関係性が良いことがわかっています［＊2］。つまり、相手の言葉を繰り返したり、同じような話し方をしたりすると、心理的な安全性が高まり、つながりが深くなるのです。

もちろん、感情もないトーンで、ただおうむのように一語一句そのまま繰り返すのはNGです。子どもによってはバカにされている、あるいは適当にあしらわれていると感じることもあるからです。

反復以外にも、次の3要素も織り交ぜながら、相手の言葉を丁寧に拾っていきましょう。

［**例**］

子ども「今日の給食まずかった」

大人「そっか！　今日の給食まずかったんだ！」

言い換え

言い換えとは、相手の発信するメッセージはそのままで、似たような単語やフレーズを使うことで、パラフレーズとも呼ばれます。反復は、ただ相手の使う単語に注意していればよいだけなのに対して、言い換えは相手のメッセージを咀嚼《そしゃく》して、考えて反応する必要があります。

言い換えて自分のメッセージを反芻《はんすう》してもらうことで、話し手の満足感は高まるほか、より相手が自分のことを理解してくれたと感じることがわかっています［＊12］。

ここで気をつけたいのは、相手の意図から離れすぎないことです。たとえば、「朝はパンしか食べない」と言った人に対して、「お米は好きではないんですね」と言い換えをしたとします。しかし、当人はお米が嫌いなわけではなく、ただ単に朝食はパン派という好みを表明したに過ぎないかもしれません。

このように、相手のメッセージを間違えずに言い換えをするためには、丁寧な言葉選びはもちろんですが、相手の意図を想像する努力も必要です。

〔例〕
子ども「今日の給食まずかった」
大人「今日のお昼、好きな味じゃなかったのか」

明確化

言い換えの時に相手のメッセージの意図から遠ざからないためにも、質問することで、相手と同じ温度で理解できているかを確認することが大切です。

話し手に「この解釈で合っている?」「〇〇って感じたってことかな?」とたずねて一度クッションを置いたり、「もう少し〇〇について教えてくれるかな?」と説明を補ってもらうよう促したりします。

こうすることで、話し手と聴き手の間に解釈のずれが生じたまま話が進むことを防ぐのに役立ちます。同じ単語を使っていても、人によってはまったく違う解釈をしている場合は多くあります。
たとえば、日本語で「普通」という表現をよく耳にしますが、「普通」具合は人によって異なります。相手の立場や気持ちを想像して話を聴くのがアクティブリスニングです。どんなに近しい間柄であっても、自分と相手がまったく同じ理解をしていると決めてかからず、シンプルな単語や表現であっても、理解のすり合わせをするようにしましょう。

〔例〕
子ども「今日の給食まずかった」
大人「今日のお昼、好きな味じゃなかったのか」（言い換え）
子ども「そう。なんか変な味がした」
大人「変な味っていうのは、今まで食べたことない味ということ?」（明確化）

要約

要約とは、話してくれた内容の中から、いちばん伝えたかったであろう考えや気持ちをピックアップし、まとめる作業です。つまり、話の点と点をつなぎ、重要ポイントをハイライトするのです。

「ということは、○○と感じていた一方で、○○に関しては○○と感じていたということだね」「あなたにとって、○○がとても大事だと感じているようだね」と最終確認をします。

話をまとめてもらうことで、話し手は自分の状況を客観的に見つめ直すことができるほか、聴き手にとっても相手と同じ目線で理解ができているかを確認できる機会になります。また、話し手と聴き手双方にとって、なにがいちばん大切なことなのかを見極めるのに役立ちます。

［例］

子ども「今日の給食まずかった」

大人「今日のお昼、好きな味じゃなかったのか」（言い換え）

子ども「そう。なんか変な味がした」

大人「変な味っていうのは、今まで食べたことない味ということ？」（明確化）

子ども「なんか辛かった」

大人「なんか辛くて、まずいと感じたってこと？」（明確化）

子ども「そう。辛いのあんまり好きじゃない」

大人「辛いのが少し苦手なのか」（言い換え）。「つまり、辛いスープがあったから、今日の給食がまずいって感じたんだね」（要約）

［例］

子ども「〇〇ちゃんのこと、嫌い！」

大人「〇〇ちゃんのこと、嫌いだと思っているんだね」（反復）

子ども「うん、すっごい嫌い！」

大人「なにか嫌だなと思うようなことがあった？」（明確化）

子ども「なんかムカつくこと言ってきたの」

大人「そうか。なんか○○ちゃんが言ったことで、イライラしちゃったのか」（言い換え）

子ども「そうだよ。お泊まりしたくないって言ってきたの。前から約束してたのに！」

大人「○○ちゃん、お泊まりしたくないってなったのか。約束楽しみにしてたから、残念な気持ちになったのかな？」（明確化）

子ども「前からゲーム一緒にしようって言ってたのに。なんか、がっかり」

大人「お泊まりで約束してたゲームが一緒にできなくなると思って、嫌だなって気持ちになったんだね」（要約）

子ども「次、いつゲームできるかな」

実際に、アクティブリスニングは容易にできるものではありません。そもそも、聴き手が自身のニーズ（例・守ってあげたい、正したい、解決したい）、価値観（例・「〜

は〇〇であるべきだ」）、判断（例・「それは違う」）を一時保留にして、相手の感情や経験をありのままに受容すること、つまりレベル1の状態を準備することが難しいからです。

第1章でも触れましたが、感情の投資をしている相手ほど、つまり親子などの親しい関係ほど、「こうしてほしい」という相手への期待や、「この子はこういう子」という決めつけが、実は相手を無条件に受けとめる「あり方」への妨げになっているものなのです。

また、子どもに悲しんでほしくない、常にハッピーでいてほしいという気持ちも働き、つい解決策を提案して、その場を収めてしまうことも多いものです。さらに、親の心や時間の余裕は有限であり、常に手を止めて全身全霊で子どもの話を聴くことも現実的ではありません。

Active Listening

アクティブリスニングは、子どもと心を通わせるチャンスを私たちにくれます。子どもの世界をもっと知るための「招待状」を受け取ることができるかもしれません。目指したいのは、「できる時にできるだけ」です。アクティブリスニングにどんなメリットがあるのか、またなにをしたらよいのか、3つのレベルを意識して、子どもを応援し、つながる瞬間を少しでも増やしていきましょう。

第4章

あなたは
どのタイプの聴き手
でしょうか?

こんな聴き手（リスナー）になっていない？

子どもだけでなく、大人の話を聞く時にも、あなたがついやってしまう癖はないでしょうか？

自分と意見が合わない時に、つい否定してしまう、責めてしまう、説教をしてしまう、聞かれていないのにアドバイスをしてしまうなどです。

このような癖は、「**コミュニケーションのバリケード**」と呼ばれ、対話をしている相手との間に壁をつくってしまいます［＊4］。

私たちの多くは、このような逆効果のコミュニケーションの仕方で育っているため、子どもの話を聴く時にも、無意識にバリケードを使ってしまうのです。あなたの周りにも、こういったタイプの人がいることでしょう。

自分のタイプを認識し、アクティブリスニングという新しい習慣を意識して身につけることは、子どもに対してだけでなく、大人との関係性を変えるのにも効果的です。

気づいていないこと、見えていないものは変えられません。より良い聴き手（リスナー）になるために、また子どもや周囲の人と心を通わすためにも、自分自身が話を聴く時にどんなバリケードを使いがちなのか、自分の癖を把握しましょう。

おざなりリスナー

おざなりリスナーとは、興味を持ったふりをしながら、相手の話をほとんど聞いていない人です。いわゆる、聞いたふりです。時折、アイコンタクトを取ったり、うなずいたりしながら、聴いているような姿勢は取っています。しかし、話し手のメッセージを理解しようとする意図はありません。テレビや携帯を見ながら、仕事をしながら、マルチタスキングをして片手間で聞いているのもよくある例です。

大人同士でも、一緒にいる相手がテレビをつけたままの状態の時に、思わず、「ねえ、聞いてる？」と言った経験がある人もいるでしょう。

「すごいね」「そうなんだ」「へえ」とおざなりな相槌でその場を乗り切ることができるので、忙しい時に便利ではあります。場合によっては、相手を傷つけないように、あるいは自分自身が疲れている時に、聞いたふりをすることもあるでしょう。

子どもの場合は特に、「見て！」「聞いて！」と一日に何十回もくることがあり、大人側に時間的あるいは精神的な余裕がない時、おざなりリスナーが顔を出すことは仕方のないことです。しかし、おざなりな反応は、聴いていないことが子どもに伝わってしまうほか、子どもが「上手」「すごい」といった外的評価に依存するようになる可能性もあるため［＊8］、避けたい習慣です。

〔例〕

子ども「これね、保育園で描いたんだよ。見て」

親「へぇ～」

子ども「ねぇ、上手？」

親「うん、上手上手！」

子ども「ここ、お花なの」

親「すごいねぇ。今忙しいから、あっちで遊んできてね」

Lesson

おざなりな返答は、実際には子ども自身や子どもがやったことを見ていなくても可能です。「上手」「すごい」「なるほど」を連呼していれば盛り上げられるので、多用してしまうのが現実でしょう。しかし、ここは子どもの気持ちや作品に対して頑張ったことなどを共有するチャンス。いったん作業をやめて、「違う種類のお花をたくさん描いたんだね」と具体的な感想をシェアするほか、子どもがなにを伝えてくれるのかを楽しみに話に耳を傾けましょう。

一時保留したいあなたのニーズ・考え

自分のこと（例：仕事、家事、趣味）を
早くやりたい

子どものニーズ

心配　喜び　悩み　を聴いてほしい

決めつけリスナー

第2章でも紹介した通り、人には「確証バイアス」があります。私たちの意識は、これまでの自分の経験や信念と一致するような事柄に向かいやすいのが自然です。つまり人は、「決めつけ」を舵にして、自分が聞きたいことだけを選択的に聞いているのです。

決めつけリスナーとは、自分の決めつけをフィルターに話を聞く人で、自分の偏見を横に置いて、相手を理解するために心をこめて聴くアクティブリスニングと相反するものです。

この決めつけは、関係性が近いほど発生することがわかっています。たとえば、友人やパートナーとペアを組んだ時と、見知らぬ人とペアを組んだ時を比べて、どのくらい相手のメッセージの理解度が変わるかを調べた研究があります［＊6］。

その結果、親しい間柄ほど、見知らぬ相手よりも話し手の本意を理解できないことが多く、むしろ理解度が下がることが多かったのです。

これは、家族や子どもなど関係性が近い相手ほど、私たちは相手の言っていることがわかっているし、相手も私たちの言っていることがわかっていると思い込んでいるのが原因だと考えられます。

つまり、「あなたはこういう人間で、こう考えているのだろう」という決めつけが、相手のことを本当の意味で理解する妨げになっているのです。親しい仲ほど難しいことではありますが、確証バイアスを認識して、相手の動機や結論を仮定せずにまずは話を聴いてみることが大切です。

［例］

子ども　「これね、保育園で描いたんだよ。見て」

親　「これは、お日様だね。光がいっぱい差しているね。〇〇ちゃんは、晴れの日が大好きだもんね」

子ども「違うよ。これお花だよ。雨がたくさん降ってるの」

Lesson

子どもが持ってきた絵に対して、描いたものがなにかというのを、大人の目線で最初から決め込んで話を進めています。子どもには子どものストーリーがあり、話を聴くまで真相はわかりません。実際、話を聴いても真相はわからないかもしれません。ただ、子どもの世界を少しでも知るために、「この絵について教えてくれる?」と質問することから始めてみてください。

［例］

子ども「今日ね、Aちゃんがおやすみだった」

親「Aちゃんがいないと、あなたも元気出ないよね。がっかりだったね」

子ども「ううん。Bちゃんと砂場で遊んで楽しかった」

一時保留したいあなたのニーズ・考え

私はあなたのことをわかっている

子どものニーズ

心配　喜び　悩み　を聴いてほしい

Lesson

子どもの気持ちに思いを馳せるために、想像力を働かせることは大切ですが、本当に子どもの言っていることを聴くためには、決めつけないことが求められます。子どもはあったことを単に事実として伝えていることも多く、そこにどんな感情が付随しているかは、子どもにしかわかりません。「Aちゃんおやすみだったんだ。どう感じたの？」と質問してみてください。

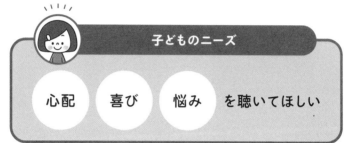

勝手にアドバイザー

勝手にアドバイザーとは、子どものことを思って、つい「こうしたら？」「こう言ってみたら？」「私があなたならこうするな」などと、助言をしがちな人です。

求められていないのにアドバイスをする人には、本人は無意識でも、はっきりとした動機があります。

アドバイスをするのは、個人の権力意識を高める対人行動であること、権力を欲する人ほどアドバイスをする動機が高いということがわかっています［＊7］。アドバイスに従ってくれる人がいることで、「相手の行動に影響を及ぼすパワーが自分にはある」という感覚を持つのです。また、相手が自分の意向の通り動くことで、自分のコントロール欲が満たされ、安心感が高まります。

決めつけリスナーと同じように、関係が近いほど、私たちは聞かれていないのに勝手にアドバイザーになる傾向にあります［＊3］。「あなたのことはわかっているから、こうした方がよい」とか、「あなたのことが心配だから、こうしてほしい」という願望が動機です。

アドバイスをすることは、相手に自分の思い通りに動いてほしい願望が、相手を想っているからこその親切に見えます。しかしアドバイスをする側が上に立つことを示唆しているため、関係性が不釣り合いになる可能性があります。

もちろん会話の中で、子どもがアドバイスを求めている時もあるでしょう。そんな時は、子どもが言った言葉の後ですぐに助言をするのではなく、まずは子どもの話を聴いて、本人の想いを受けとめた上で、あなたの考えもシェアしてみてください。「私が思っていること、提案してもいいかな？」と子どもの許可を得るのも大切なことです。求められていない助言をして勝手に解決しようとすることは、子どもに対して「あなたは自分ひとりではできない」というメッセージを無意識に送っているだけでなく、子どもが自分で考える機会を奪っていることでもあります。

アクティブリスニングの原点は、聴き手が自分のニーズをいったん横に置くことです。「あなたのために言っている」という名のもと、不要なアドバイスをすることは、本当に子どものためなのか、それとも自分の権力欲を満たしたいだけなのか、自分自身にたずねてみる必要があるでしょう。

〔例〕

子ども「○○ちゃんがおもちゃ貸してくれない」

親「ちゃんと貸してって言った？」

子ども「言ったけど、ダメって言われた」

親「声小さくて聞こえなかったかもよ。大きな声でもう一回聞いたらどう？」

Lesson

最初の一言目から、まるで子どもに落ち度があるかのような前提で進んでいるほか、その子がどういう気持ちになったのかということに触れていません。すぐに提案することで、状況解決をしようという意欲はあるものの、子ども自身がどうしたいのかという意思確認が置き去りにされています。子どもの年齢にもよりますが、「あなたはどう感じた？」「あなたはどうしたい？」と質問をしながら、本人の気持ちに寄り添うことを忘れないようにしたいものです。

一時保留したいあなたのニーズ・考え

あなたの問題を解決してあげるから、
黙って私の助言を聞いて

子どものニーズ

心配　喜び　悩み　を聴いてほしい

教えたがりリスナー

教えたがりリスナーとは、ただ話を聞くだけでは飽き足らず、すべての出来事を講義にしてしまう人です。

たとえば、子どもが転んでかすり傷ができた時に、ただ絆創膏を貼って子どもをなぐさめるのではなく、血液中のたんぱく質の種類や、血液凝固について話しだす。あるいは、ただ買い物に行くだけでなく、商品数を数えさせたり、値段を計算させたりする。子どもの好奇心を刺激することは「教育の観点」から大切なことではありますが、子どもと一緒にいる時にいつも教授モードでいるのは、子どもにとって疲れることです。また、大人にとっても、あれもこれも教えなければとプレッシャーになるでしょう。

子どもが求める親の役割とは、「**どんな話もまずは受けとめて聴いてくれる**」という**心理的な安全**を提供することです。求めてもいないのに一方的に講義をしてきて、こちらの話を聴く姿勢がない人と一緒にいて心が休まるでしょうか。気負って、すべてのことを「教育にする」必要はありません。

一方的に伝えること、教えることが目的になると、子どものことを純粋に知ろうとする目線を失ってしまいます。そして、子どもが自分で発見する可能性を奪うことにもなりかねません。大人から発信される「なぜだろう」に慣れてしまうからです。

大人が勝手に持つ「アジェンダ（予定表）」は、大人のニーズが優先されていることが多いものです。勝手にアドバイザーと似ていますが、教える側と教えられる側という力の不均衡が生じます。「教えるぞ！」というプレッシャーから自分自身を解放して、**子ども発信の自発的な発見**や、**子どもとの対話を楽しんで**ください。

〔**例**〕

子ども　「見てー。バナナ自分で切れた！」

親　「じゃあ、ここにあるバナナ3本と、いちご3個合わせて全部で何個だ？」

子ども「1、2、3、6!」

親「3の後は4だね。もう一回数えてみよう」

Lesson

これはよくある会話ですし、子どもが数字に興味があるのであれば自然な流れでしょう。ただし、正しく知識を伝達することや常に会話を知育に転換しようとしすぎて、子どもの気持ちや考えが二の次になってしまうことが問題です。すべての会話に意味を持たせる必要も、すべての出来事を教育の機会にする必要もありません。嬉しさや喜びを大好きな親と一緒にただ味わうだけで、子どもからすれば十分に幸せなのです。

一時保留したいあなたのニーズ・考え

すべての瞬間を「教育」に変換しよう

子どものニーズ

心配　喜び　悩み　を聴いてほしい

お説教リスナー

お説教リスナーとは、話し手の考え方、能力、あるいは性格を批判して、すぐ説教に持ち込む人です。話し手の視点に興味がないばかりか、相手に対する評価がすでに決まっていて、自分の論点だけを一方的に押しつけます。お説教リスナーは、自己中心的な視点から、自分と違う意見や考え方を受けつけないため、本当のアクティブリスニングや対話にはなりません。無意識かもしれませんが、お説教リスナーの会話の主な目的は、相手を理解することではなく、この機に乗じて相手に対する不満を吐露したり、相手の欠点を非難したりすることです。

たとえば、子どもに対して「あなたはいつも○○だからダメなのよ」「あなたがなにか悪いことをしたからこうなったんだ」と決めつけ、「○○しなさいって前から言ってるでしょう」「なんで〇〇しなかったの」と注意をしたり、「それはあなたが悪い」と責めたりします。

このように反応されると、子どもは攻撃された、あるいは非難されたと感じ、自己防衛のためにも、聴き手である親を攻撃するような言葉を投げかけるかもしれません。話し手の子どもからすれば、わかってもらいたいというニーズは満たされず、親に対する不信感がつのるばかりで、「どうせ話しても、説教されるだけだから」と話をすることをやめることも考えられます。

子どもは、親とは別の人格を持った一人の人間です。家以外の環境、これまでの経験、元々の性質による影響も含め、子ども自身の価値観や考え方を持っています。子どもがなにを伝えたいのか、どんなユニークなメッセージを持っているのか、**興味を持って耳を傾ける**ことから始めてみましょう。

［例］

子ども「今日ね、先生が静かにしなさいって怒ったんだよ」

親「えー、また怒られたの!? あなたがしゃべってばかりいるからでしょう」

子ども「違うよ！　みんなしゃべってたもん」

親「みんなってだれ？　ほかの子は関係ない。なんで静かにできないの？　授業中は黙って聞きなさい」

Lesson

お説教リスナーは、決めつけリスナーでもあります。「先生が怒る＝自分の子どもが怒られる＝怒られるようなことをしている子どもが悪い」という公式が頭の中ですでにできあがっていて、子どものメッセージをまったく聴いていません。子どもからすると、気持ちを共有するスペースがなく、無理やり感情に蓋をされたようなものです。欠点を指摘しようと間違い探しをせずに、まずは子どもの話をそのまま受けとめましょう。

一時保留したいあなたのニーズ・考え

なんとか論破して、
間違っていることに気づかせたい

子どものニーズ

心配　喜び　悩み　を聴いてほしい

おおげさリスナー

おおげさリスナーとは、話し手の言うことに過剰に反応し、共感の気持ちを表す人です。「自分こそが応援団だ」ということを誇示するためにリアクションを取り、話し手の温度感とかけ離れていることが多いのが特徴的です〔＊5〕。

話し手のメッセージを理解するよりも、相手に自分の立場を理解してもらいたいという聞き手のニーズが優先されているため、アクティブリスニングではないのです。

おおげさリスナーは、子どもが「先生に怒られた」と言った時に、「信じられない！」「ひどすぎる！」とオーバーリアクションをして、肝心の問題から焦点をずらしてしまいます。あるいは、子どもが「100点を取った」と言った時に、「天才！」「すごすぎる！」と子どもを盛り上げるためにおおげさにほめます。

子どもの自己肯定感を上げるために、「ほめること」が必須だと思っている大人は多いでしょう。しかし実際のところ、おおげさにほめたところで子どもの自己肯定感は上がらないばかりか、逆に自己評価が下がることが指摘されています［＊1］。

おおげさにリアクションをされることで、「成功しなければいけない」というプレッシャーが増え、失敗を余計に恐れるようになってしまうのです。

ネガティブなことに対する大人のおおげさなリアクションも、「そうだ。あの子が悪いんだ」と子どもの被害者意識が高まり、現実的な状況評価の邪魔になる可能性があります。アクティブリスニングの利点のひとつは、話し手が自分自身の状況を冷静に見つめる機会をもたらすことです。しかしおおげさリスナーは、過大なリアクションで話のメッセージ性をつぶしてしまうのです。**丁寧に耳を傾ける**ことで、親が理解者であることは子どもに十分伝わります。**過剰な反応は不必要**です。

［**例**］

子ども「今日、昼休みに〇〇くんが鉄棒で一緒に遊んでくれなかった」

親　「遊んでくれなかったなんて、〇〇くん、ひどすぎるね！　そんなの最低だね。なんでそんなことするのかな」

子ども　「〇〇くん、サッカーしたかったんだって」

親　「サッカーより鉄棒の方が楽しいよ。明日からそんな子と遊ばないでいい」

Lesson

子どもの言うことを全身で受けとめて、なんでも話せるような心理的安全な場所をつくり出すことは大切なことです。ただし、「あなたの味方だよ」と伝えたいがための大人のリアクションが、事実をゆがめる可能性があることを覚えておきたいものです。アクティブリスニングで大事なことは、大人の反応によって物事の良し悪しを決めることではなく、子ども自身が冷静に物事を見つめる機会を得ることです。

一時保留したいあなたのニーズ・考え

私があなたの理解者であることを
わかってほしい

子どものニーズ

心配　喜び　悩み　を聴いてほしい

却下系リスナー

却下系リスナーは、相手のメッセージをとにかく否定しがちな人です。動機は、相手を元気にさせてあげたい、相手にもっとポジティブに感じてほしい、励ましたいというものです。

却下系リスナーの口癖は、「でもさ」「そんなことない」です。相手を想って励まそうとした行為でも、相手の痛みを無視することになる場合があるので要注意です。

たとえば、子どもが「学級委員になれなかった」と言った時に、その悔しさや悲しみを受けとめることなく、「でも、あなたに投票してくれた人もいたじゃない」と答えるのは典型的な却下系リスナーです。

あるいは、子どもが「クラスで自分だけ鉄棒の逆上がりができない」と言った時に、「そんなことないよ。ほかにもできない子はいっぱいいるよ」と言うのもよくある反応です。

「物事には必ずポジティブな面がある」と、相手を応援しているように見えますが、実際は否定的なことを言ったり、考えたりするべきでない、そしていつも明るく元気にいるべきという価値観の押しつけになりかねません。

これは「**トキシック・ポジティビティ**（**有害なポジティブさ**）」といわれ、相手が抱える大変な思いや悩みを否定し、無視する行為にすぎません。子どもが悩んでいたり、苦しんでいたりする時にまず必要なのは、その感情を抱いてもよいと受けとめることです。「いつでも上を向いて」というのは非現実的な期待であり、前向きでない時の自分に罪悪感を覚えさせてしまうでしょう。

感情というのは、良いも悪いもなく、私たちの次の行動に対するヒントを与えてくれる情報です［＊2］。まずは、子どもの悲しみや落ち込みを「心地悪いもの」「無視するべきもの」と片づけることなく、受けとめることから始めていきたいものです。その上で、子ども自身がどういった行動を取りたいのかを一緒に考えていけるようなサポートをしていきましょう。

［例］

子ども「今日の50メートル走で二番だった。一番になれなかった」

親「でもさ、二番だって十分すごいよ！」

子ども「でも一番がよかった！」

親「一番になることがすべてじゃないから。ビリじゃなくてよかったじゃない」

Lesson

親の言っていることはもっともですし、励まそうという意図は明確です。結果にとらわれて、子どもが前に進めない時に、別の視点を持ってほしいと大人が考えるのも当然です。しかし子どもからすると、まずは正論よりも共感がほしいのです。「一番になりたかった」という悔しさを、全身で抱きしめてほしいのです。子どもが伝えたかった気持ちを受けとめることを優先しましょう。

一時保留したいあなたのニーズ・考え

もっとポジティブな面に目を向けた方がよい

子どものニーズ

心配　喜び　悩み　を聴いてほしい

乗っ取りリスナー

乗っ取りリスナーとは、相手の話をさえぎって、自分の話にすり替える人です。終始自分のことで頭がいっぱいで、共感しているように見せかけて自分のことを話す機会を待っているのです［＊5］。同じ経験をしたことがあると強調して相手に歩み寄っているため、乗っ取りリスナー自身は会話に貢献していると勘違いをしたり、相手の話をハイジャックしたりしていると気づかないことも多いのです。また、相手への質問も、結局は自分のことを話したいがためにしているのです。

子どもが「友達と遊べなくて嫌だった」と言った時に、なにがあったのか、どうしてそう感じたのかを聞く前に、「私も子どもの時にお友達と遊べなくて嫌なことがあった」と体験を語って自分を会話の主役にするのは、典型的な乗っ取りリスナーです。

子どもと対話をする上で、「私もそうだったよ」と伝えることで、子どもが安心することもあるでしょう。子どもの話によって自分の経験を振り返ること自体は、共感するために大切なことです。しかしアクティブリスニングは「聴くこと」が優先です。大切なのは、親の経験や考え方を我さきにと話すことではなく、**話し手である子どもの気持ちや経験に意識を集中させる**ことです。理解してもらいたい、話を聴いてもらいたいという子どものニーズが満たされるまで、「私の場合」「私もそうだった」と自分の話ばかりにならないように気をつけましょう。

[例]

子ども「人前で話すのが苦手なんだよね。なんか緊張しちゃう」

親「ママも同じだよ。子どもの時もそうだったな。人の前に行くと頭が真っ白になっちゃってね、上手く話せなくなっちゃうの」

子ども「ママもそうだったの？」

親　「そうだよ。今でも緊張するし、なかなか上手くいかないよ。明日も会議でみんなの前で話さないといけないの」

Lesson

子どもとの対話を心がける時に、もちろん自分の考えや経験をシェアするのは自然なことです。そして、子ども自身も「自分だけではないんだ」と思えることで安心することもあるでしょう。しかし、子どもの一言をきっかけに大人が会話をハイジャックしてしまっている場合、子どもは言いたいことを言えずじまいです。自分の番になるまでは、相手のマイクは奪わずに、まずは相手の話に集中しましょう。

一時保留したいあなたのニーズ・考え

私の話をしたい

子どものニーズ

心配　喜び　悩み　を聴いてほしい

終　章

自分の声に耳をすます

大人も自分の気持ちやニーズに耳を傾ける

子どもにとって「なんでもない」ことなんて、ひとつもありません。子どものことを知りたいという素直な好奇心や無条件の受け入れの気持ちが相手に伝わることで、「あなたのことを知りたいし、応援しているよ」という応援歌になります。

子どもが話してくれるということは、その子が独自の世界にあなたを招き入れるための「招待状」を渡されているのです。いつでも招待状がくるわけではありません。こちらが聞こうという姿勢を見せているからといって、条件反射のように子どもがすべてを話してくれるわけでもありません。また、よい質問をしたからといって、期待通りの答えが返ってくるとも限りません。

招待状を送ってくれた時は、「聞かせてくれてありがとう」という感謝の気持ちで、ありのままの子どもの世界を楽しんでみたいものです。

経験に基づく大人の効率性や実用性という目線からいったん離れて、「**子どもの世界に純粋に興味を持つ**」ことが、子どもとの関係を深める道なのかもしれません。子どもの人生は子どものもの。その障害物を一生にわたって取り除いてあげることはできないからこそ、私たちにできることは、子どもが困難にぶつかった時に経験する感情を受けとめる器となり、心と耳を傾けるスペースを持つことでしょう。

愛しているからこそ、つい解決策を提示してしまう。失敗することが目に見えているからこそ、アドバイスをしてあげたい。守ってあげたいからこそ、着地点を見つけようとして焦って誘導してしまう。解決策ありき、目的達成ありきで満足しているのはだれなのか？

子どもの中にある答えを引き出せるように、大人の世界に合わせることを子どもに強要するのではなく、大人が子どもの世界に足を踏み入れることが必要なのです。

大人も自分の声に耳を傾ける

その一方で、大人が常に子どもの話を聴けるかというと、そんなことは現実的ではありませんし、できないことに罪悪感を覚える必要もありません。子どもの声を受けとめることは大事ですが、**親自身が自分の気持ちやニーズに耳を傾ける**ことも、本人にとってはもちろんのこと、子どもにも大きな影響を与えます。

そもそも、アクティブリスニングで子どもとつながることが、親としての幸せや自分を労る時間をすべて犠牲にするということではないのです。子どもが生まれてきてから、子どものことを想って数え切れないほど多くのことをしてきているのが親です。子どもや家族の衣食住のニーズを満たすだけで十分頑張っている上に、習い事の送り迎えなど、親として山のようにある仕事は時間と疲労との闘いです。買い物、食事、お出かけなど、普段の生活のほとんどが子ども中心。つい自分のことは後回しにするのが日常的になり、自分のケアを忘れてしまうことがほとんどでしょう。

また私たちの多くが、子どもの時から、「先生の言うことを聞きなさい」「親の言うことに従いなさい」「周りに迷惑をかけないようにしなさい」と親の声、先生の声、周りの声に敏感になるように教え込まれてきました。この習慣は大人になってからも続き、家族の声、会社の声、世間の声など、つい外的な声を優先させてしまうことも多いのではないでしょうか。

自分の声に耳を傾けることとは、自分の気持ちやニーズを無下に扱わないということ。自分自身がどう感じているのか、自分はどうしたいのか、今自分に必要なものはなにかを認識するということ、つまり自分を信頼するということです。子どもに「自分の声を大切にしてほしい」「自分の心に従って生きてほしい」と願っているのならば、大きなスケールでなくてよいので、**大人自身が日常的に自分に思いやりを持って接する姿**（**セルフケア**）**を見せる**ことも、**子どもにとって自己を大切にするよいお手本**になります。

セルフケアとは？

セルフケアとは、自分の気持ちやニーズに耳を傾けながら、自分の心身と社会的な幸せ（ウェルビーイング）のために、行動したり取り組んだりすることを指します［＊7］。短期的な消費主義に基づいて自分の欲を満たすのではなく、長期的な心と体の健康を視野に入れたアクティビティーを意図的に選ぶということです。セルフケアには、**身体的ケア、心理的ケア、感情的ケア、社会的ケアという4つの柱**があります。すべてを常に平等にケアするというよりは、自分のニーズによっては一つの柱に集中しながら、バランスを均衡にするとよいかもしれません。

身体的ケア［体］

睡眠・食習慣・運動など、体の健康に気を配る必要があります。質の良い睡眠を取れている日はありますか？　体に良いものを食べていますか？　お水を十分に飲んでいますか？　最後に健康診断に行ったのはいつでしょうか？　自分のために体を動かしていますか？

たとえば、**エクササイズ**。イギリスで0〜6歳の子どもを持つ1006人の母親を対象に行われた調査によると、約3割の母親が自分のための時間は30分以下であると答えたほか、約6割の母親が、自分の時間を取ってエクササイズをすることに罪悪感を持っていることがわかりました［＊11］。

忙しさと罪悪感も相まって、多くの親にとってエクササイズを日常に取り入れられないのが現実です。ただ、1週間に150分（1日約20分）体を動かすことで睡眠の質が65％も向上することがわかっています［＊5］。また、日常的に体を動かすことで不安減少や［＊1］、ストレス耐性の向上［＊2］にもつながるなど、みなさんもご存じの通り、良い点は明らかです。

心と体はつながっていることを考えると、体の状態が良いほど、頭がクリアになったり、気持ちが上向きになったりするものです。特に小さな子どもがいる場合は難しいですが、パートナーや家族と協力できるのであれば、散歩に行く、お風呂にゆっくりつかる、体が喜ぶものを食べるなど、自分の身体的ケアを優先してください。

心理的ケア［頭］

自分の思考は、心理的な健康に大きな影響を与えます。親としての自分に対してつい批判的になってしまうこともあるでしょう。オーストラリアで2600人の親を対象に行われた調査によると、約4割の親が「理想としている親になれていない自分につらくあたることがよくある」と答えています［＊9］。同じ調査で、自己批判をしがちな親ほど、疲労やストレス、さらには子育てに対するフラストレーションを感じやすいほか、子どもに対してつらくあたりやすいこともわかっています。

自分への見方が子どもに対する接し方にも影響を与えることを考えると、**セルフコンパッション**は大切な概念です。セルフコンパッションとは、仲の良い友達や大切な人たちに見せるような親切心や思いやりを持って自分自身に接するということです[＊8]。セルフコンパッションを持っていると、子育てで大変だと感じる状況で、罪悪感や恥ずかしさを覚えることが少ないことがわかっています[＊10]。

子どもがぐっすり安心して夜眠れるような環境を用意しているだけで、十分立派なことです。子どもが生まれてきてくれてから、ずっと走り続けて頑張っている自分に対して、「こうすればよかった」という自責ではなく、「よくやっているよ」と認めてあげてください。1日の終わりに、その日、上手くいったことや、自分が頑張ったことを書き出してみるのもよいでしょう。

感情的ケア［心］

生きていく中で、私たちはいろいろな感情を経験します。しかし、自分たちの中に現れるあらゆる感情を適切に認識・表現し、それに対応するスキルを学ぶ機会はありません。「元気を出さなくてはいけない」「前向きでいなければいけない」というような社会的な期待も災いして、前に進むために、大人になってからも感情に蓋をしてきた人も多いでしょう。

感情を否定して奥にしまっておく方が一見楽に見えますが、他者とのつながりが薄れたり、人生への満足感が減ったりするほか［＊12］、感情を押さえ込むほど人は攻撃的になりやすいこともわかっています［＊13］。

代わりに、私たちはすべての感情をありのままに受け入れる方法を学ぶ必要があります。それはもちろん、常につらい気持ちに打ちひしがれたり、自ら苦痛を味わったりするという意味ではありません。感情を受け入れるということは、自分の今の感情に気づき、それを無理に変えようとしたり否定したりすることなく、どんなにつらくても一時的なものであることを理解するということです[＊4]。**マインドフルネス**[注]や日記は、自分の感情と上手に付き合っていくにはよい方法です。

また、自分の心に余裕がない時に、子どもも含めて大切な人に「今あなたの話を100％で聴ける心の余裕がないんだ。でもあなたのことをすごく大切に想っているよ」「もっときちんと聴ける状態になった時に、また話を聞かせてもらえないかな？」と正直に伝え、感情的な境界線を引くことも自分の感情的ケアに含まれます。

[注] 瞑想や呼吸法などを通じて、自分の内外で起こっていることに一瞬一瞬集中し、理解すること[＊14]。

社会的ケア

忙しい日々が続くと人づきあいも疎かになりがちですが、大切な人たちと一緒に過ごす時間は、セルフケアには欠かせません。長引くコロナ禍で強制的につながりが絶たれたことで、改めて友達や家族との時間の大切さを実感した人も多いでしょう。ただ一緒にコーヒーを飲んだり、冗談を言い合ったり、おいしいご飯を食べたりする日常はかけがえのない時間です。

実際に孤独は、1日にタバコを15本吸うのと同じくらい健康に危害を及ぼすほか、孤独を感じている人は、社会的なつながりがある人に比べて早死にする確率が50％も高いことがわかっています［＊3］。

孤独には、感情的・社会的・集団的つながりという3つの側面があります［＊6］。

感情的なつながりとは、パートナーや家族など相互に愛情や信頼を持った深い関係性のことを指します。社会的なつながりとは、友人関係や親しい人たちからのサポートのことを指します。集団的なつながりとは、趣味や目的意識を共有するコミュニティーに属することを指します。

この3つの側面がすべて満たされてはじめて、人は孤独ではなく、だれかとのつながりを感じることができるのです。つまり、どれかひとつの側面でも満たされていないと、人は孤独に感じる可能性があります。たとえば、結婚生活に満足していたとしても、友人たちにまったく会えない生活が続いていたとしたら、寂しいと感じるかもしれないのです。

自分が孤独を感じているかもしれない側面を認識して、パートナーと質の高い時間を過ごしたり、友達と会う時間を予定に入れてみたりしながら、社会的ケアを生活に取り入れてみましょう。

セルフケアはなぜ大事か

疲労と忙しさ、また自己犠牲こそが「頑張っている証し」とされるような社会では、自分自身のニーズを優先させること自体、「自分勝手だ」とまだまだ批判の対象になりがちです。

よく使われる例えですが、飛行機で緊急事態にいちばん大切なことは、自分の酸素マスクを先につけることです。子どもを助ける前に自分に酸素マスクをつけることに抵抗感を覚える親は多いでしょう。しかし、自分が酸素なし、エネルギーなしの状態では、子どもは救えません。自分の状態が整っていなければ、周りをサポートするのが難しいのと同じで、子育てにも支障をきたすのです。

自分にやさしくすることで、疲労感が減る、育児がもっと楽しくなる、子育てへの自信が増す、子どもへの対応自体が変化するなど、子育てにもよい影響があることがわかっています[*9]。セルフケアは、自分勝手なことでも、罪悪感を覚えることでもなく、親自身、それから良好な親子関係のためにも必要不可欠なことなのです。今まで「だれかのために」と奥にしまいこんでいた自分自身のニーズを、じっくりケアしていきましょう。

この本で、子どもにおへそを向ける大切さを伝えたいと思いました。結局、子どもに向き合うということは、自分自身におへそを向けてこそ成り立つと私は考えています。**子どもたちは私たち大人を映し出す鏡**です。子どもがずっと泣いていることに焦ったり、怒って言うことを聞かない姿にイライラしたりするのも、本当は大人自身も子どものように素直に泣いたり怒ったりしたいのに、そのニーズが満たされていないからなのかもしれません。

子育てには試行錯誤がつきものです。失敗もするし、子どものニーズを見逃すことも、満たせないこともあるのは当然です。こういった状況で、「親としてこれでよいのだろうか」と罪悪感を覚えて、泣きたくなる瞬間もたくさんあると思います。まずは、思いやりを持って自らの内側に目を向け、耳を傾け、今持っている精一杯の力で頑張っている自分を抱きしめてあげてください。子どもたちに注いでいる愛情と同じくらい、自分自身にも愛情を注いでいいのです。

アクティブリスニング Q&A

Question

子どもの話にじっくり耳を傾けられません

自分の仕事が忙しい時や、なにかをしなければいけない時、子どもの話を聞くことができません。私の態度に娘もだんだん慣れてきて、すっかり学校での出来事を話さなくなってしまいました。このままどんどん会話がなくなってしまうのかと思うと心配です。どうしたら子どもの話にじっくり耳を傾けられるでしょうか。

Answer

仕事や家事で忙しく、ストレスも多い中、じっくり話を聴いたり、共感したりできないというのは現実だと思います。毎日頑張っている親御さんたちにとっては仕方がないことなので、ご自分をあまり責めないでくださいね。

おすすめなのは、アクティブリスニングの時間を、短くとも積極的に確保し、毎日の生活のルーティンに取り込んでみることです。寝る前の15分、お風呂の時間、習い事の送迎時間などを利用して、その間は全力で、興味を持ってお子さんに向き合うことを習慣化してみましょう。心を通わせ合い、つながる時間は、お子さんを知る貴重な機会になります。

実際、時間の多さよりも、子どもとつながる時間を過ごすことが子どもの発達には大切であるという研究があります［＊4］。たとえば、6歳以下の子どもの場合、長い時間をともに過ごしていたとしても、ただテレビを見て過ごすなど、言葉を交わさない時間を多く過ごした場合、子どもの学力、問題解決力、行動に悪影響があったことがわかっています。

つまり、過ごす時間の長さではなく、「話す」「子どもの好きな遊びをする」「一緒になにかを読む」など、いかに心を通わせ合う時間を過ごすかが大切なのです。そして、その工夫をして頑張っている自分自身を親御さんが認めてあげることが、子どもだけなく親御さんの心の安定にもつながります［＊6］。

子どもと過ごす時間は大切ですが、仕事のシフト時間が夜であったり、残業で遅くなったりして、顔を向き合わせることができない場合もあるでしょう。そんな時は、たとえば、お弁当袋にメモを入れる、洗面所の鏡にメッセージを貼る、家の中の家族用のボードなどに応援の言葉を書くなど、ほかの方法で言葉を交わす習慣をつくるのがおすすめです。

「子どもの心に想いを馳せる瞬間」が、少しでも増えていくとよいですね。

話す時間を確実に持てたり、へそを向き合わせて聴いてもらったり、自分に気持ちを向けてくれているという経験の積み重ねで、子どもから話してくれるようになるかもしれません。

Question

どうしたら子どもから話を引き出せますか？

10歳になった息子が、急に家で話さなくなってしまいました。学校でのことを聞いても、「べつに……」「なにもない」と言うだけで、様子がまったくわかりません。どうしたら息子から話を引き出すことができるでしょうか。

Answer

「べつに……」「なにもない」と素っ気ない返事をされると心配になってしまいますよね。10歳くらいのお子さんは思春期に入りはじめるため、体も心も急速に成長しています。このため、急に話さなくなってしまうことは成長過程としてあり得ます。この年齢の子どもたちは否定や非難にも敏感なため、話を聴く時に、コミュニケーションのバリケードに特に気をつけたいものです。

知らず知らずのうちに否定や説教をしていないか、正論を押しつけていないかを振り返り、まずはアクティブリスニングの基本を心がけましょう。

「学校どうだった？」「今日、なにしたの？」といった直接的な質問は、思春期の子どもには「面倒」あるいは「プライバシーの侵害」と受け取られる可能性がありま す。

対話のポイントは、子どもが興味を持っていることに興味を持つことです。たとえば、選択理論心理学では、「**上質世界**（quality world）」という考え方があります［＊3］。上質世界は、価値観、家族や友人、場所、趣味、モノなど、自分の心理的欲求（例・人とのつながり、自律性、自己効力感、楽しさ）を満たしてくれる、いわゆる個人の大切なものが詰まった写真アルバムのようなものです。

子どもの興味も、この上質世界に含まれます。今、子どもが楽しいとハマっているものはあるか？　一緒にいるとつながりが感じられるような大事な友人となにをしたら楽しいのか？　「自分でできた！」と達成感（自己効力感）を覚えるような出来事はあったか？

学校や塾に関する直接的な質問をするよりも、本人の上質世界にあることを予想して質問してみてください。今までの「我が子」と違う一面を見せるようになり、驚くこともあるでしょう。

ただし、見た目や態度が大人っぽくなっても、子どもたちは親のサポートやつながりを求めています。また、大人が聞きたいと思っていることと、子どもが話したいと思っていることが一致するとは限りません。

子どもが話そうとしてくれることは、本人が今いる世界への招待状を送ってくれたということです。「あれもこれも知りたい」という大人のニーズをいったん横に置いて、子どもがシェアしてくれる世界をありのままに楽しみ、心のつながりを深めていきたいものです。

Question

悩みに対して積極的にアドバイスすべき？

小学3年生の娘の話を聞いていると、なにか悩んでいるようだけど、具体的な答えを求めているの？　それとも、ただ話を聞いてもらいたいだけなの？と、わからないことがあります。積極的にアドバイスをしてもよいのでしょうか？

Answer

相手が求めていないのに勝手にアドバイスをすることは敬遠されがちです。一方で、相手が意見を求めている時にアドバイスすると、感謝されることはもちろんあります。話し手が考えてもいなかった可能性を示唆したり、聴き手の経験からアドバイスをしたり、新しい風を吹かせるために役に立つこともあるでしょう。

3000人以上を対象にした調査によると［＊7］、良いリスナーになる条件のひとつとして、適度なアドバイスをすることが挙げられています。ただし、相手の話を受容し、理解しようとする姿勢をまったく見せずに、いきなりアドバイスをしたり、解決策を提案したりすることは、アクティブリスニングの3つのレベル（73ページ）を無視することになるので、控えましょう。

アクティブリスニングをせずに心理的安全な環境がない状態だと、「そうする代わりに、○○した方がいいんじゃない？」「自分の時は、○○したらうまくいった」など、別の方法を単に提案していたとしても、話し手にとっては批判や否定と受け取られる可能性もあります。話を心から聴いてくれていない人のアドバイスは、なかなか受け入れられないものです。最初からアドバイスをすることはせずに、まずは子どもの話に耳を傾けてみましょう。聴き手の「コントロールしたい（こうしてほしい）」あるいは「助けてあげたい（こうした方がよい）」というニーズを横に置くことで、本人に考える余白を与えることは大切なことです。話を聴いた上で、「提案があるのだけど、シェアしてもいいかな？」「同じような経験をしたことがあるんだけど、私がその時にどうしたか話してもいいかな？」「アドバイスがほしい？　それともただ聴いてほしい？」など、アドバイスをする前に子どもに許可を得るのがおすすめです。

Question

イヤイヤ期の子にもアクティブリスニングは効果的？

3歳の息子はイヤイヤ期のまっ最中です。保育園行かない！　ご飯食べない！とイヤイヤばかり。私はまず話を聞いて、イヤイヤと向き合うようにしています。しかし先日、同居の義理の両親から、「甘えさせるからわがままを言うんだ、ダメだとしっかり叱りなさい」と言われてしまいました。そうすると余計に泣いて長引くので、うちの子には合っていない気がするのですが、イヤイヤ期の子どもにもアクティブリスニングは効果がありますか？

Answer

周囲に意見を言われたり、立場上のこともあったりするので大変ですね。アクティブリスニングをして子どもの気持ちをまずは認めて受けとめるということは、心理的安全を確立するために、どの年齢の子どもにとっても非常に大切なことです。「今は食べたくないんだね」「保育園に行きたくないんだね」など、まずは気持ちを受けとめます。その上で、子どもに選択肢を提示して、自分で選ぶ機会をつくってあげましょう。その時に、どちらを選んでも大人も受け入れられるような選択肢を提示します。

たとえば、保育園に行くことは決まっているのだとしたら、「保育園に行く？　行かない？」という選択肢は提示できません。代わりに、「ゾウさんの靴とトラさんの靴、どっちを履いて保育園に行きたい？」など、可能な範囲で選んでもらいましょう。

イヤイヤ期の幼児は、エリクソンの心理社会的発達理論〔*2〕によると、自律性vs.恥・疑惑の時期で、自分で決めたい・やりたいという気持ちが非常に強いのが特徴的です。この時期は、自分で選択して決める機会が多ければ多いほど、健全な自信を育むことができます。いわゆる「イヤイヤ期」は大人にとっては頭を抱える時期ですが、子どもにとっては健全な自己肯定感を育むチャンスでもあります。

逆に、大人がすべてやってしまったり遮断してしまったりして、自分でやる機会が持てない場合、自分自身や自分の能力に対して恥や疑いを持つ可能性があります。「嫌だ」と主張するのは、「自分でやりたい！」「自分でできる！」という発達上自然な叫びであり、成長している証拠です。

当然、子どもの気持ちを受けとめるということは、子どもの要求にすべて応えるのとは違います。できないことは、できない理由を簡潔に説明して境界線は引きつつも、「自分の力を試したい」という強いニーズを理解して、できる場面で本人が自分でできるように選択肢を提供しながらサポートしてください。

そして、できていることにも目を向けましょう。「嫌！」とずっと言われていると、好ましくない行動ばかりが目につくと思うのですが、イヤイヤ期こそ、「ここにいるよ！」の自己表現です。

協力してくれた時、できなかったことができた時、スムーズにいった時に、「すぐにきてくれて助かったよ。ありがとう」「自分でできたね」など、具体的にフィードバックを伝えましょう。

Question

子どものほめ方、叱り方のポイントは？

4歳の息子を持つ父親です。子どもをほめたり叱ったりする時に、気をつけることはありますか。はじめての子育てで、意識せずに子どもを傷つけてしまうことが心配です。

Answer

ほめるも叱るも、基本は子どもとの対話であるという点を意識することが大切です。大人の外的評価をただ押しつけるような「ほめ」や、大人の都合に合わないからと怒鳴りつけるような「叱り」は、いずれも一方的であり、子どもの視点が配慮されていません。ポイントとしては、子どもの行動をよく観察することです。

子どもの行動の裏側にある「なぜそうしたかったのか」を、裁判官としてではなく、探偵として興味を持って探求する姿勢でいるというイメージです。**子どもの行動はコミュニケーション**です。アクティブリスニングと同じように、非言語コミュニケーションにも注意を払ってみてください。

ほめる時は、「すごい」と具体性に欠けるような「おざなりほめ」、「天才ね」「いつもやさしいね」と能力や性格だけに集中するような「人中心ほめ」は、子どもが外的評価に依存しないようにするためにも、できるだけ避けましょう。「たくさんの色を使ったね！」と見たままを具体的に伝えるほか、「切り方を自分で考えたんだね！」というように、本人の努力や工夫したことに言及する「プロセスほめ」をしましょう。そして、一方的に大人が評価を与え続ける必要はないので、子どもたちがどう思ったか質問してみましょう。

叱る時は、まず子どもの気持ちを受け入れてから、軌道修正をしましょう。具体的には、「ダメ」「やめて」というような頭から否定する第一声を控え、まず子どもが何をしたかったのか、その気持ちを想像して、受けとめましょう。「あのパジャマが着たかったんだね！」という具合です。

もしその行動が許容されないこと、あるいは物理的に無理なことであれば、なぜNGなのかを具体的かつ手短かに説明しましょう。「ほら、見て。パジャマは、今お洗濯中だね。ほかに着てみたいパジャマを選んでみよう」という具合です。

もちろん、理由を説明しても、子どもが納得しないことは多々あります。ただ、理由を説明することは、なぜ叱るかを大人が考えることにつながります。私たちがなぜ「ダメ」だと思っているのか、その理由は果たして妥当なのか、大人の都合に合わないから怒っているのか、大人自身がその線引きに責任を持つことも大切です。

Question

子どもの性的指向をサポートするためには？

小学校低学年の息子は、ドレスを着たり、お化粧をしたりするのが好きです。私は本人の性自認（自分の性別をどのように認識しているかということで、生物学的な性と異なる場合がある）や性的指向（性的魅力を感じる対象）をサポートしたいのですが、パートナーや義理の両親からは、「子どもの言うことを聞いて、好きにさせるのはおかしい」と強く反対されています。祖父母の家に行く時に、服装でいろいろ言われることもあるようで、本人が嫌な思いをしていないか心配です。どのようにすれば「私は私でいい」と自信を持たせてあげられますか？

Answer

周りの理解がなかなか得られない状況で、お子さんも親御さんも心苦しいですね。性自認も性的指向も、自分も相手も尊重するという点で大切な概念です。「私は私でいい」と受けとめることは、だれにとっても、生涯にわたる取り組みだと私は考えています。大切なのは、**子どもが自分をありのままで価値があると思える**自己肯定感を育むこと、**それを感じるための心理的安全な場所がある**ことです。

「ありのままのあなたが素敵で、あなたの心を大切にしていいんだよ」というメッセージをお子さんに送り続けること、そして子どもの「これが好き」という気持ちのほかにも、違和感や不安に耳を傾けましょう。

性自認は本人の心が決めることなので、周囲が勝手に「社会規範だから」と、体の構造だけで決めつけることはできません。

お子さんが自分と向き合うプロセスで、私たちにできることがいくつかあります。

1 **色やおもちゃ、持ち物や服だけでなく、「男は○○であるべき」「女は○○であるべき」という偏った役割や期待も含め日常の場面でジェンダーを押しつけない。**

2 **お子さんが自分のことや経験を表現するための言葉を、アクティブリスニングを**

通して一緒に模索する。

③反対している家族との話し合いを、できるところはする。

③に関しては、本来であれば人権として守られる性自認や性的指向について、マジョリティの立場の人たちから理解を得なければいけない構造がそもそもおかしいのですが、家族内でのサポートの輪を広げるためにも、必要になってくるでしょう。

ほかに、家族の集まりの前などに、「秘密のサイン」や「合言葉」を決めて、嫌な思いをしているようであれば、あなたに知らせるようにしておくとよいでしょう。

年齢が高くなって、お子さん自身の性自認や自己表現がもう少しはっきり輪郭を表してきたら、いろいろ言われるのが嫌で祖父母の家に遊びに行きたくないという時期がくるかもしれません。そういう時は、本人の声に耳を傾けて、意思を尊重してあげたいものです。自分の性表現や違和感に耳を傾けてくれるあなたがいてくれることが、お子さんにとっては心理的安全な場所になります。まずは自信を持って応援団でい続けてあげてください。

パートナーとの会話、「話を聞いてもらえない」「価値観が違うからアドバイスが参考にならない！」あるいは「夫の話まで聞かなくちゃダメ？」と悩んでいる人もいるでしょう。アクティブリスニングで、パートナーとの関係にあらたなアイディアが得られるかも！

Question

パートナーに話を聴いてもらいたいのに……

仕事やママ友の愚痴などをパートナーに言うと、「それじゃあ、○○しなければいいじゃないか」「○○すればいいんじゃない？」とさっさと話を終了させられます。愚痴を聞いてもらうだけで気持ちが楽になるのに……。パートナーとの会話、どうしたらもっと話を聴いてもらえるようになりますか？

Answer

ただ話を聴いてもらいたいだけの時に正論をぶつけられても、わかってもらえていない気がしてもどかしいですよね。パートナーの話に心と耳を傾けることは、お互いに安心感を得て、健全な関係性を築くためには大切なことです。

アクティブリスニングをしているカップルが結婚生活の満足度が高かったり、お互いを精神的に支えたり励ましたりしている一方、パートナーの話をないがしろに聞いているカップルの場合、お互いに攻撃的であったり、相手のニーズに鈍感であったりすることがわかっています［＊5］。また、精神的な支えはいくらあっても歓迎されるのに比べて、一方的に不要なアドバイスをするなどの過度な情報支援は、結婚の満足度を下げることもわかっています［＊1］。

悩んでいる時に一蹴されて話を聴いてくれなかったり、不要なアドバイスをされると、アドバイスをしてくる人に対して感情的になったり、非難したくなったりします。大切な人と一緒にいるために、自分がどのようなコミュニケーションを望んでいるのか、「思いやり」の気持ちを持って相手に伝える必要があるでしょう。

こんな時に「**私メッセージ**」が効果的です。私メッセージとは、「私」を主語にした上で「状況＋影響＋気持ち」をセットにして、相手を非難せずに自分の気持ちを正直に伝える方法です。

たとえば、「なんでそういう言い方しかできないの？」と言う代わりに、「仕事の悩みを話す時にうなずいて聞いてくれると（状況）、受けとめてもらえた気がして（影響）、嬉しい（気持ち）」「ママ友の話をする時に、すぐに解決策を提案されると（状況）、わかってもらえていない気がして（影響）、悲しい（気持ち）。提案なしでまずは聴いてほしいな」と伝えます。

このようにパートナーの意見を尊重し感謝しつつ（「あなたの考えを教えてくれてありがとう」）、自分がこうしてほしいという境界線は引くようにしましょう。

もし、相手が「勝手にアドバイザー」常習犯だとしたら、「あなたがアドバイスをしてくれるのはありがたいんだけど、今日はアドバイスなしで私の愚痴を聴いてくれる？」など、会話を始める前に希望を伝えておくのもおすすめです。

アクティブリスニングＱ＆Ａ

1 Brock, R. L., & Lawrence, E. (2009). Too much of a good thing: underprovision versus overprovision of partner support. *Journal of Family Psychology, 23*(2), 181-192.

2 Erikson, E. H. (Ed.). (1963). *Youth: Change and challenge*. Basic books.

3 Glasser, W. (1999). *Choice theory: A new psychology of personal freedom*. HarperPerennial.

4 Hsin, A., & Felfe, C. (2014). When does time matter? Maternal employment, children's time with parents, and child development. *Demography*, *51*(5), 1867-1894.

5 Kuhn, R., Bradbury, T. N., Nussbeck, F. W., & Bodenmann, G. (2018). The power of listening: Lending an ear to the partner during dyadic coping conversations. *Journal of Family Psychology*, *32*(6), 762-772.

6 Milkie, M. A., Kendig, S. M., Nomaguchi, K. M., & Denny, K. E. (2010). Time with children, children's well-being, and work-family balance among employed parents. *Journal of Marriage and Family, 72*(5), 1329-1343.

7 Zenger, J., & Folkman, J. (2016). What great listeners actually do. *Harvard Business Review*, *14*.

4 Lindsay, E. K., & Creswell, J. D. (2019). Mindfulness, acceptance, and emotion regulation: Perspectives from Monitor and Acceptance Theory (MAT). *Current opinion in psychology, 28*, 120-125.

5 Loprinzi, P. D., & Cardinal, B. J. (2011). Association between objectively-measured physical activity and sleep, NHANES 2005–2006. *Mental Health and Physical Activity, 4*(2), 65-69.

6 Murthy, V. H. (2020). *Together*. Harper Collins Publishers.

7 Myers, S. B., Sweeney, A. C., Popick, V., Wesley, K., Bordfeld, A., & Fingerhut, R. (2012). Self-care practices and perceived stress levels among psychology graduate students. *Training and Education in Professional Psychology, 6*(1), 55-66.

8 Neff, K. D., & Dahm, K. A. (2015). Self-compassion: What it is, what it does, and how it relates to mindfulness. In *Handbook of mindfulness and self-regulation* (pp. 121-137). Springer.

9 Parenting Research Center. (2021). *Parenting today in Victoria: Parental self-care and self-compassion.* https://www.parentingrc.org.au/wpcontent/uploads/ResearchBrief_ParentalSelfCareCompassion43.pdf

10 Sirois, F. M., Bögels, S., & Emerson, L. M. (2019). Self-compassion improves parental well-being in response to challenging parenting events. *The Journal of psychology, 153*(3), 327-341.

11 Sport England. (2019). *Busy mothers feel guilty taking time to exercise despite having a greater influence on their children's activity levels.* https://sportengland-production-files.s3.eu-west-2.amazonaws.com/s3fs-public/20190617-this-girl-can-survey-reveals-busy-mums-exercise-guilt.pdf

12 Srivastava, S., Tamir, M., McGonigal, K. M., John, O. P., & Gross, J. J. (2009). The social costs of emotional suppression: a prospective study of the transition to college. *Journal of personality and social psychology, 96*(4), 883-897.

13 Vohs, K. D., Glass, B. D., Maddox, W. T., & Markman, A. B. (2011). Ego depletion is not just fatigue: Evidence from a total sleep deprivation experiment. *Social psychological and personality Science, 2*(2), 166-173.

14 Williams, M., & Penman, D. (2011). *Mindfulness: a practical guide to finding peace in a frantic world*. Hachette UK.

第４章

1 Brummelman, E., Thomaes, S., Orobio de Castro, B., Overbeek, G., & Bushman, B. J. (2014). “That's not just beautiful—that's incredibly beautiful!” The adverse impact of inflated praise on children with low self-esteem. *Psychological science, 25*(3), 728-735.

2 David, S. (2016). *Emotional agility: Get unstuck, embrace change, and thrive in work and life.* Penguin.

3 Feng, B., & Magen, E. (2016). Relationship closeness predicts unsolicited advice giving in supportive interactions. *Journal of Social and Personal Relationships, 33*(6), 751-767.

4 Gordon, T. (2008). *Parent effectiveness training: The proven program for raising responsible children.* Harmony.

5 Nichols, M. P., & Straus, M. B. (2021). *Lost Art of Listening.* Guilford Publications.

6 Savitsky, K., Keysar, B., Epley, N., Carter, T., & Swanson, A. (2011). The closeness-communication bias: Increased egocentrism among friends versus strangers. *Journal of experimental social psychology, 47*(1), 269-273.

7 Schaerer, M., Tost, L. P., Huang, L., Gino, F., & Larrick, R. (2018). Advice giving: A subtle pathway to power. *Personality and Social Psychology Bulletin, 44*(5), 746-761.

8 島村華子（2020）『モンテッソーリ教育・レッジョ・エミリア教育を知り尽くした オックスフォード児童発達学博士が語る 自分でできる子に育つ ほめ方 叱り方』ディスカヴァー・トゥエンティワン．

終章

1 Anderson, E., & Shivakumar, G. (2013). Effects of exercise and physical activity on anxiety. *Frontiers in psychiatry, 4*, 27.

2 Childs, E., & De Wit, H. (2014). Regular exercise is associated with emotional resilience to acute stress in healthy adults. *Frontiers in physiology, 5*, 161.

3 Holt-Lunstad, J., Smith, T. B., & Layton, J. B. (2010). Social relationships and mortality risk: a meta-analytic review. *PLoS medicine, 7*(7), e1000316.

supportive conversations between strangers and friends. *Journal of Social and Personal Relationships, 34*(4), 467-485.

6 Gonzales, A. L., Hancock, J. T., & Pennebaker, J. W. (2010). Language style matching as a predictor of social dynamics in small groups. *Communication Research, 37*(1), 3-19.

7 Leong, V., Byrne, E., Clackson, K., Georgieva, S., Lam, S., & Wass, S. (2017). Speaker gaze increases infant-Adult connectivity. *Proceedings of the National Academy of Sciences, 114*(50), 13290-13295.

8 Montague, D. P., & Walker-Andrews, A. S. (2001). Peekaboo: a new look at infants' perception of emotion expressions. *Developmental psychology, 37*(6), 826-838.

9 Osugi, T., & Kawahara, J. I. (2018). Effects of head nodding and shaking motions on perceptions of likeability and approachability. *Perception, 47*(1), 16-29.

10 Tokić, A., & Pećnik, N. (2011). Parental behaviors related to adolescents' self-disclosure: Adolescents' views. *Journal of Social and Personal Relationships, 28*(2), 201-222.

11 Tronick, E., Adamson, L. B., Als, H., & Brazelton, T. B. (1975, April). Infant emotions in normal and pertubated interactions. In *biennial meeting of the Society for Research in Child Development, Denver, CO* (Vol. 28, pp. 66-104).

12 Weger Jr, H., Castle Bell, G., Minei, E. M., & Robinson, M. C. (2014). The relative effectiveness of active listening in initial interactions. *International Journal of Listening, 28*(1), 13-31.

13 von dem Hagen, E. A., Stoyanova, R. S., Baron-Cohen, S., & Calder, A. J. (2013). Reduced functional connectivity within and between 'social' resting state networks in autism spectrum conditions. *Social cognitive and affective neuroscience, 8*(6), 694-701.

14 Zhao, C., Chronaki, G., Schiessl, I., Wan, M. W., & Abel, K. M. (2019). Is infant neural sensitivity to vocal emotion associated with mother-infant relational experience?. *PLoS One, 14*(2), e0212205.

15 江崎グリコ株式会社（2018).「母と子のコミュニケーション調査 2018 by Pocky」. https://cp.pocky.jp/message/survey/report_2018bypocky.pdf

Pediatrics, 133(4), e843-e849.

10 Radesky, J., Miller, A. L., Rosenblum, K. L., Appugliese, D., Kaciroti, N., & Lumeng, J. C. (2015). Maternal mobile device use during a structured parent–child interaction task. *Academic pediatrics, 15*(2), 238-244.

11 Romeo, R. R., Leonard, J. A., Robinson, S. T., West, M. R., Mackey, A. P., Rowe, M. L., & Gabrieli, J. D. (2018). Beyond the 30-million-word gap: Children's conversational exposure is associated with language-related brain function. *Psychological science, 29*(5), 700-710.

12 Sandberg, J. F., & Hofferth, S. L. (2001). Changes in children's time with parents: United States, 1981–1997. *Demography, 38*(3), 423-436.

13 総務省統計局（2017).「平成 28 年社会生活基本調査―生活行動に関する結果―結果の概要」 https://www.stat.go.jp/data/shakai/2016/pdf/gaiyou.pdf（閲覧日：2022 年 3 月 1 日).

14 総務省統計局（2022).「令和 3 年 社会生活基本調査―生活時間及び生活行動に関する結果―結果の概要」. https://www.stat.go.jp/data/shakai/2021/pdf/gaiyoua.pdf（閲覧日 :2022 年 12 月 1 日).

第 3 章

1 Aburumman, N., Gillies, M., Ward, J. A., & Hamilton, A. F. D. C. (2022). Nonverbal communication in virtual reality: Nodding as a social signal in virtual interactions. *International Journal of Human-Computer Studies, 164*, 102819.

2 Borelli, J. L., Ramsook, K. A., Smiley, P., Kyle Bond, D., West, J. L., & Buttitta, K. H. (2017). Language matching among mother-child dyads: Associations with child attachment and emotion reactivity. *Social Development, 26*(3), 610-629.

3 Brown, B. (2017). *Rising strong: How the ability to reset transforms the way we live, love, parent, and lead.* Random House.

4 Bodie, G. D., Vickery, A. J., Cannava, K., & Jones, S. M. (2015). The role of "active listening" in informal helping conversations: Impact on perceptions of listener helpfulness, sensitivity, and supportiveness and discloser emotional improvement. *Western Journal of Communication, 79*(2), 151-173.

5 Cannava, K., & Bodie, G. D. (2017). Language use and style matching in

and Personal Relationships, 22(1), 19-31.

12 江崎グリコ株式会社（2018）．「母と子のコミュニケーション調査 2018 by Pocky」．https://cp.pocky.jp/message/survey/report_2018bypocky.pdf

第2章

1 Adams, E. L., Smith, D., Caccavale, L. J., & Bean, M. K. (2021). Parents are stressed! Patterns of parent stress across COVID-19. *Frontiers in psychiatry, 12*, 626456.

2 Achterberg, M., Dobbelaar, S., Boer, O. D., & Crone, E. A. (2021). Perceived stress as mediator for longitudinal effects of the COVID-19 lockdown on wellbeing of parents and children. *Scientific reports, 11*(1), 1-14.

3 Daundasekara, S. S., Beauchamp, J. E., & Hernandez, D. C. (2021). Parenting stress mediates the longitudinal effect of maternal depression on child anxiety/depressive symptoms. *Journal of Affective Disorders, 295*, 33-39.

4 Dotti Sani, G. M., & Treas, J. (2016). Educational gradients in parents' child-care time across countries, 1965-2012. *Journal of Marriage and Family, 78*(4), 1083-1096.

5 Fonagy, P., & Luyten, P. (2009). A developmental, mentalization-based approach to the understanding and treatment of borderline personality disorder. *Development and Psychopathology, 21*, 1355-1381.

6 Hattangadi, N., Cost, K. T., Birken, C. S., Borkhoff, C. M., Maguire, J. L., Szatmari, P., & Charach, A. (2020). Parenting stress during infancy is a risk factor for mental health problems in 3-year-old children. *BMC public health, 20*(1), 1-7.

7 Hart, B., & Risley, T. R. (1995). *Meaningful differences in the everyday experience of young American children.* Paul H Brookes Publishing.

8 Kuhl, P. K., Tsao, F. M., & Liu, H. M. (2003). Foreign-language experience in infancy: Effects of short-term exposure and social interaction on phonetic learning. *Proceedings of the National Academy of Sciences, 100*(15), 9096-9101.

9 Radesky, J. S., Kistin, C. J., Zuckerman, B., Nitzberg, K., Gross, J., Kaplan-Sanoff, M., ... & Silverstein, M. (2014). Patterns of mobile device use by caregivers and children during meals in fast food restaurants.

参考文献

第1章

1 Deci, E. L., & Ryan, R. M. (2000). The “what” and “why” of goal pursuits: Human needs and the self-determination of behavior. *Psychological Inquiry*, 11(4), 227–268.

2 Gordon, T. (1975). *P.E.T.: Parent effectiveness training*. New York: New American Library.

3 Highlights for Children. (2014). *The state of the kid 2014.* https://www.highlights.com/sites/default/files/public/sotk2014_0.pdf

4 Higgins, E. T., Rossignac-Milon, M., & Echterhoff, G. (2021). Shared reality: From sharing-is-believing to merging minds. *Current Directions in Psychological Science, 30*(2), 103-110.

5 Kawamichi, H., Yoshihara, K., Sasaki, A. T., Sugawara, S. K., Tanabe, H. C., Shinohara, R., ... & Sadato, N. (2015). Perceiving active listening activates the reward system and improves the impression of relevant experiences. *Social neuroscience, 10*(1), 16-26.

6 Mineyama, S., Tsutsumi, A., Takao, S., Nishiuchi, K., & Kawakami, N. (2007). Supervisors' attitudes and skills for active listening with regard to working conditions and psychological stress reactions among subordinate workers. *Journal of Occupational Health, 49*(2), 81-87.

7 Roos, C. A., Postmes, T., & Koudenburg, N. (2021, November 15). Feeling heard: Operationalizing a key concept for social relations. https://doi.org/10.31234/osf.io/73jgn

8 Rossignac-Milon, M., Bolger, N., Zee, K. S., Boothby, E. J., & Higgins, E. T. (2021). Merged minds: Generalized shared reality in dyadic relationships. *Journal of Personality and Social Psychology, 120* (4), 882-911.

9 Ryan, C., Huebner, D., Diaz, R. M., & Sanchez, J. (2009). Family rejection as a predictor of negative health outcomes in white and Latino lesbian, gay, and bisexual young adults. *Pediatrics, 123*(1), 346-352

10 Verschueren, K. (2015). Middle childhood teacher-child relationships: Insight from an attachment perspective and remaining challenges. *New Directions for Child and Adolescent Development, 148*, 77-91.

11 Weger, H. (2005). Disconfirming communication and self-verification in marriage: Associations among the demand/withdraw interaction pattern, feeling understood, and marital satisfaction. *Journal of Social*

島村華子

（Shimamura Hanako）

モンテッソーリ教育とレッジョ・エミリア教育の研究者。上智大学卒業後、カナダのバンクーバーに渡り、国際モンテッソーリ協会（AMI）の教員資格免許を取得。カナダのモンテッソーリ幼稚園での教員生活を経て、英国オックスフォード大学にて児童発達学修士号、教育学博士号を取得。現在はカナダの大学にて幼児教育の教員養成にかかわる。専門分野は動機理論、実行機能、社会性と情動の学習、幼児教育の質評価、モンテッソーリ教育、レッジョ・エミリア教育法。著書に『自分でできる子に育つ ほめ方 叱り方』、『モンテッソーリ教育の研究者に学ぶ 子育てがぐっとラクになる「言葉がけ」のコツ』がある。

装丁・本文デザイン　田村 梓（ten-bin）
装画　佐藤香苗
本文イラスト　市川彰子
編集担当　平野麻衣子（主婦の友社）

アクティブリスニングでかなえる
最高《さいこう》の子育《こそだ》て

2023年2月28日　第1刷発行

著者　島村華子《しまむらはなこ》

発行者　平野健一
発行所　株式会社主婦の友社
〒141-0021
東京都品川区上大崎 3-1-1
目黒セントラルスクエア
電話　03-5280-7537（編集）
03-5280-7551（販売）
印刷所　大日本印刷株式会社

©Hanako Shimamura 2023　Printed in Japan
ISBN978-4-07-450074-1

■本書の内容に関するお問い合わせ、また、印刷・製本など製造上の不良がございましたら、主婦の友社（電話 03-5280-7537）にご連絡ください。
■主婦の友社が発行する書籍・ムックのご注文は、お近くの書店か主婦の友社コールセンター（電話 0120-916-892）まで。
＊お問い合わせ受付時間　月～金（祝日を除く）9:30～17:30
主婦の友社ホームページ https://shufunotomo.co.jp/

Ⓡ〈日本複製権センター委託出版物〉
本書を無断で複写複製（電子化を含む）することは、著作権法上の例外を除き、禁じられています。本書をコピーされる場合は、事前に公益社団法人日本複製権センター（JRRC）の許諾を受けてください。また本書を代行業者等の第三者に依頼してスキャンやデジタル化することは、たとえ個人や家庭内での利用であっても一切認められておりません。
JRRC〈https://jrrc.or.jp eメール：jrrc_info@jrrc.or.jp 電話：03-6809-1281〉